ERICH KÄSTNER

GOETHE UND DIE SCHREBERGÄRTNER

Geschichten und Gedichte aus
der deutschen Heimat

Herausgegeben von Sylvia List

Atrium Verlag · Zürich

MIX
Papier aus verantwor-
tungsvollen Quellen
FSC® C014496

Erstausgabe
1. Auflage
© by Atrium Verlag AG, Zürich, 2014
© by Thomas Kästner: *Othello und die Droschkenkutscher, Sächsische Sonette, Mess-Ouvertüre, Sie essen ein Schnitzel, Märchen-Hauptstadt, Der neugebackene Fleischerlehrling schreibt, Weisheit der Bücher, Pressefest 1925, Der Karneval des Kaufmanns, Der kleine Herr Stapf, Duell bei Dresden, Goethe als Tenor, Kleinstädtisches Berlin, Ausverkauf und Verkehrsregelung, Goethe und die Hausbesitzer, Der alte gute Bekannte, Der Unterrock ist im Anzug, In Harburg da ist es gewesen ..., Gefilmtes Elend, Herbst, vom Zug aus, Brief aus Paris, anno 1935, Dummheit zu Pferde, Die Nacht der Scherben, Reisebilder aus Deutschland, Hausmittel und Außerhausmittel*
Alle Rechte vorbehalten

Umschlagillustration: Christoph Niemann, 2014
Druck und Bindung: GGP Media GmbH, Pößneck
Printed in Germany 2014
ISBN 978-3-85535-403-0

www.atrium-verlag.com

Inhalt

Vorbemerkung

Ich möchte einen Schrebergarten haben,
mit einer Laube und nicht allzu klein.
Es ist so schön, Radieschen auszugraben …
Behüt dich Gott, es hat nicht sollen sein!

Erich Kästner, *Hymnus an die Zeit*

Ursprünglich sollte dieses Buch ganz anders heißen, nämlich
… mich lässt die Heimat nicht fort. Unter diesem Titel sollten Texte wie
Kleine Stadt am Sonntagmorgen oder *Der kleine Herr Stapf* versammelt
werden, die den Idylliker Kästner zeigen wie auch den liebevoll-
kritischen Beobachter kleinbürgerlichen deutschen Daseins, dazu
atmosphärische Schilderungen des alten Dresden (*Märchen-Hauptstadt, Zwischen Heller und Hinterhöfen*) und Geschichten wie *Hausmittel
und Außerhausmittel,* die vom tröstlichen Flanieren durch eine ver-
traute Münchner Straße erzählen.

Aber irgendwie wollte eine ganze Reihe von Texten sich unter
diesen eher elegischen Titel nicht so recht fügen. Etwa ein Gedicht
wie *Kleine Führung durch die Jugend* oder Fabians *Besuch in der Kinder-
kaserne* – in beiden Texten geht es doch eher darum, dass der Autor
so schnell wie möglich fortwill von den einst vertrauten Orten, weil
sie nur alte Traumata wecken. Oder, ganz anders, ein Gedicht wie

In Harburg, da ist es gewesen ..., das die provinzielle Schildbürgerei einer lokalen Feuerwehr aufs Korn nimmt, oder aber die beklemmende Groteske *Brief aus Paris, anno 1935*, eine so böse wie hellsichtige Vision des kommenden deutschen Größenwahns. Und eine so temperamentsprühende Glosse wie *Goethe und die Hausbesitzer* verlangte erst recht nach einem anderen Titel. Darum haben wir den wunderbaren Vorschlag Kästners aus diesem Text aufgegriffen und den Band *Goethe und die Schrebergärtner* genannt.

Denn es soll ja nicht nur der heiter-melancholische Idylliker Kästner zu Wort kommen, sondern auch der ironische Skeptiker, der engagierte Gesellschaftskritiker wie der Satiriker, der scharfe Beobachter und der augenzwinkernde Zuschauer, Augenzeuge seiner Zeit in seiner deutschen Heimat.

Die hier gesammelten Texte ergeben, da die meisten von ihnen einen autobiographischen Hintergrund haben, wie von selbst eine kleine Chronik Deutschlands, so wie Kästner es erlebt hat – das Dresden seiner Kindheit und Jugend, Leipzig während seiner Zeit als Werkstudent und junger Journalist, die kulturell und politisch turbulenten Jahre in Berlin, die im Schrecken der Naziherrschaft und des Krieges endeten, bis hin in die frühe Nachkriegszeit, in der Kästner von München aus als »Reisender in Deutschland« versuchte, sich ein eigenes Bild seines gevierteilten und verheerten Heimatlandes zu machen.

Und Goethe? Ist in vielen der hier vorliegenden Texte erstaunlich präsent. Zum einen natürlich in Kästners ironischen bis furiosen Glossen über die Heerschar von Adabeis und deren publizistische Ergüsse anlässlich von Goethe-Jubiläen (*Goethe und die Hausbesitzer,*

Das Goethe-Derby). Zum anderen in seinem wütenden Verriss von Franz Léhars Operette *Friederike* mit Richard Tauber als Goethe (*Goethe als Tenor*). Verkitschung, »Vermessenheit«, »allergrößte Gemeinheit« gegenüber Goethe – Kästner spart nicht mit Vorwürfen. Besonders verübelt er Richard Tauber, dass dieser, weil der Beifall kein Ende nehmen will, mehrmals die Szene wiederholt, in der er gerade, mit der Gänsefeder in der Hand, »Sah ein Knab' ein Röslein stehn« dichtet – eine Szene, die ein Opern- oder Operettenliebhaber genießen würde, auch in ihrer unfreiwilligen Komik. Kästner jedoch wird in seiner Empörung über die Schändung des verehrten Dichters geradezu gallig. Wie wir längst wissen, hat Goethe dieses Léhar'sche Attentat unbeschadet überstanden.

Dass Kästner seinen Goethe aber wirklich kennt, beweist der kurze literaturgeschichtliche Abriss, den er der *Friederike*-Kritik voranstellt. Mehr als einmal finden sich Goethe-Zitate in seinen Gedichten. Am berühmtesten wohl in *Kennst Du das Land, wo die Kanonen blühn?*, wo es Kästner gelingt, durch den Austausch weniger Buchstaben Mignons Sehnsuchtsruf in eine Drohung zu verwandeln.

Das ist typisch Kästner: Gegenwart und Goethe kunstvoll miteinander zu verbinden, ohne Erstere zu verharmlosen oder den Zweiten zu diskreditieren. Er ist ein »Sohn des Volks«, wie sein Freund Hermann Kesten ihn genannt hat, und dabei ein würdiger Vertreter der Spezies Dichter und Denker, jedoch keineswegs der Ansicht, die Welt solle am deutschen Wesen genesen. Das Risiko hielt er für zu groß. Dazu hing er auch zu sehr an diesem Land.

München, Herbst 2013 — Sylvia List —

Die Fabel von Schnabels Gabel

Kannten Sie Christian Leberecht Schnabel?
Ich habe ihn gekannt.
Vor seiner Zeit gab es die vierzinkige,
die dreizinkige
und auch schon die zweizinkige Gabel.
Doch jener Christian Leberecht Schnabel,
das war der Mann,
der in schlaflosen Nächten die einzinkige Gabel
entdeckte, bzw. erfand.

Das Einfachste ist immer das Schwerste.
Die einzinkige Gabel
lag seit Jahrhunderten auf der Hand.
Aber Christian Leberecht Schnabel
war eben der Erste,
der die einzinkige Gabel erfand!

Die Menschen sind wie die Kinder.
Christian Leberecht Schnabel
teilte mit seiner Gabel
das Schicksal aller Entdecker, bzw. Erfinder.

Einzinkige Gabeln,
wurde Schnabeln
erklärt,
seien nichts wert.

Sie entbehrten als Teil des Bestecks
jeden praktischen Zwecks,
und man könne, sagte man Schnabeln,
mit seiner Gabel nicht gabeln.

Die Menschen glaubten tatsächlich, dass Schnabel
etwas Konkretes bezweckte,
als er die einzinkige Gabel
erfand, bzw. entdeckte!
Ha!

Ihm ging es um nichts Reelles.
(Und deshalb ging es ihm schlecht.)
Ihm ging es um Prinzipielles!
Und insofern hatte Schnabel
mit der von ihm erfundenen Gabel
natürlich recht.

Othello und die Droschkenkutscher

Treppenhaus des Kleinen Theaters. Abends ½ 11 Uhr. Kurz vor Schluss der Vorstellung. Ich warte. Auf wen? Gott, Sie kennen Frau Schramm ja doch nicht! Der Portier unterhält sich mit der Toilettenfrau. Ein Droschkenkutscher unterhält sich mit der Garderobefrau. Der Portier sieht missgelaunt nach der Uhr: »Der Odello had gud seine elf Agde.« Der Droschkenkutscher tritt frierend von einem Bein auf das andere und versteckt seine Hände muffartig in den Ärmeln seines grenzenlosen Schafpelzes. »Ham Se Gadrobe rauszulejen?«, fragt die Garderobefrau den Portier. Der knurrt: »Ja. Awr die mit ihre lumpjen zwanzj Marg!« Und dann schleppen sie Breitschwanzkragen und Sealmäntel und zierliche Überschuhe herbei. Der Kutscher kommt förmlich auf den Zehenspitzen näher und fährt mit leisen Fingern über einen kostbaren Pelz, als ob er ein krankes Kind streichelte. Dann tritt er wieder resigniert von einem Bein aufs andere. Plötzlich hört man Kortners durchdringenden Schrei gedämpft durch die Wände dringen. Die Garderobefrau sagt kopfschüttelnd: »Nee, gann där awr blägn!« Der Portier sagt: »Gordner? Ja, där gann blägn.« Die Toilettenfrau tritt hinzu: »Heide frie zur Brobe haddr in seim Mandl geschpield. Där brauchd sich gar nich zu schmingen: Där sieht ooch so wie e Näjr aus.« »Nee«, sagt der Portier, »wie e Chinese.« »Nee«, sagt die Toilettenfrau, »wie e Näjr.«

Da poltert wer die Treppe herunter. Es ist ein anderer Droschkenkutscher. Er hat ein paar Minuten im Zuschauerraum gestanden, weit hinten an der Tür. Nun fragt er den Kollegen: »Emil, hasde noch de Ferde gesähn?« Dann lacht er merkwürdig, trampelt herum wie der alte Huhn, wedelt mit den Armen und flötet: »O, Däsdemona!« Die andern lachen. Der zahnlose Portier taxiert: »Nu wirdr se gleich dodmachen, das arme Mächen.« Der Droschkenkutscher Emil lächelt mitleidig: »Hoffendlich is das Messer ooch scharf genuch.« Der andere Kutscher denkt nach: »Ä Messer? Ä Messer had där gar nich gehabbd.« Die Garderobiere wendet logischerweise ein: »Womid sollr se denn awr dann drstechen?«

Und da schreit Kortner wieder auf! »Da brilln se nu wie de Viecher und machen sich dod. – Und dann stehn se wiedr off, lassen sich begladschn und gehn Amdbrod ässn –«, sagt der Portier und denkt über irgendetwas nach. Man kann sehen, wie ihn das Denken körperlich anstrengt. – Emil, der Kutscher, denkt auch nach: »Ich weeß nich. Wie man bloß ins Deadr gehn gann –.« »Sachn Se das nich«, unterbricht ihn die Garderobefrau energisch, »die Brillerei, die gann ich ooch nich leidn; awr was so e hibsches Lusdschbiel is, das seh ich vor mei Lämn gerne.« »Ja«, sagt der Portier, »e Lusdschbiel, das is ja ooch was ganz andres.« Diesem abschließenden Urteil wagt sich keiner zu widersetzen.

Und wieder hören wir Kortners Aufschrei: »Nu muss se awr gleich dod sein«, sagt der Portier, »'s is schonn dreivirdl elfe. 's wird ooch Zeid. Meine Muddr wird off mich wardn.« »Ham Sie 'ne gude Frau«, sagt Emil, der Kutscher. »Sie nich?«, fragt die Garderobefrau. Emil scheint zu frieren und tritt von einem Bein auf das andere.

Da werden oben die Türen aufgerissen. Und das Theaterpublikum strömt. »Stellen Sie sich vor«, sagt eine Dame zu ihrem Begleiter, »580 000 Mark hat mich die Operation gekostet! Ich bin auf den Rücken gefallen.« »O«, sagt der Begleiter, »gnädige Frau sind so anschaulich.« »Haha!«, meint die Gnädige. – »War Kortner nicht einfach wundervoll?«, fragt eine andere Dame einen anderen Herrn. »Ein bisschen zu laut fand ich ihn«, sagt er. Sie findet auch. – »Also hundert Zentner netto frei ab Bahn?«, fragt ein Herr einen anderen. »Nein, brutto!«, sagt der andere, »brutto! – Kommen Sie noch mit ins Café?« –

Der Portier hilft in die Mäntel und kassiert Zwanzigmarkscheine. Die beiden Kutscher humpeln fröstelnd zu ihren Gäulen. Die Garderobefrau sagt: »Ich danke scheen, mei Herr.« – Und dann kommt auch Frau Schramm.

Als Schröder am 26. November 1778 den »Othello« zum ersten Mal aufgeführt hatte, schrieb ein Augenzeuge: »Ohnmachten über Ohnmachten erfolgten … Die Logentüren klappten auf und zu, man ging davon oder ward nothfalls davongetragen, und beglaubigten Nachrichten zufolge war die frühzeitige missglückte Niederkunft dieser und jener namhaften Hamburgerin Folge der Ansicht und Anhörung des übertragischen Trauerspiels …«

Es scheint doch fast, als ob sich die Zeiten geändert hätten. Und die Menschen. Sind sie besser geworden? Oder schlechter?

Nein. Aber – anders.

Sächsische Sonette

Die sächsische Mundart eignet sich bekanntlich wie
keine zweite zum Austausch lieblicher Gefühle.

Erich Kästner, *Drei Männer im Schnee*

Als einer seine Braut streichelte

Na meine Micke, nu schenier dich nich!
Du duhsd ja so, als wärn wir beede fremd …
Und dabei kenn wir uns. Und du kennsd mich.
Das scheene Hemd …

Hau mir doch nicht gleich egal off de Fohdn!
Bis doch mal wiedr wie in' Blauner Wald!
So mach dir doch e Schild vors Kleed: »Verbohdn.«
Mensch, bis du kald.

Das saach ich dir. Das gehd mir so nich weidr.
Das is doch keene Ahrd is das doch nich!
Endwehdr wirs du endlich bald gescheidr –

Na ja! Warum nich gleich, mei Wühderich!
Was ich noch saachen wollde: Du wirschd breidr.
Hm? Irr ich mich?

18

Als einer nach dem Stammescharakter fragte

Momendchen … ja, bei uns is Sie das so:
Dass wir egahl gemiedlich wärn, is Quadsch.
Im Grunde sinn wir's garnich – e, iwo!
Und gar phlechmadsch?

Da missdn se uns mal bsoffn sehn!
Da bliebe Ihn' beschdimmd de Schbucke ford.
Und nähmse ruhich an, Sie ärchern wen,
bloß so zum Schpord …

Mein guhder Herr, das wäre Ihr Ruiehn!
Das gehd bei uns dann gleich off Dohd und Lähm.
Da feixen Sie? He! Warum feixen Sie'n?

Ich kennde Ihn' aus Wut gleich eine klähm!
Hadds weh gedahn? Das gald ja garnich Ihn'.
So sinn wir ähm.

Mess-Ouvertüre

I

Nun es dunkelt, hält der Hauptbahnhof seine Bogenlampen in den Nebel, dass es flimmert wie das Schaufenster eines Juweliergeschäfts. Und der Himmel darüber ist mit roter Tapete ausgeschlagen … Und dann sagt der Bahnhof plötzlich ganz laut:»Hurr …, hurr …, hurr …!«, und spuckt den Berliner Zug aus. – Das feuchte Pflaster glitzert wie Christbaumschnee.

Und dann kommen die Berlinerinnen aus ihrem Extrazug geklettert: Messimport! Geschäft freibleibend! – Sie steigen über das glitzernde Frühlingspflaster hin …

Die Messonkels haben sich auf dem Wohnungsamt mit – Gattin angemeldet. Da kommen denn also die Berlinerinnen. Mit ihren niedlichen Handköfferchen. Und bemühen sich, schon auf der Goethestraße ihren»Mann« kennenzulernen.

Ich treibe gemächlich in den Strom von Khasana und Heliotrop und Lavendel hinein … Gelächter und Müdigkeit, Erwartung und große Hüte umgeben mich plötzlich … Eine wunderliche Atmosphäre! – Schlanke Blondinen im knappen Schneiderkostüm; sachlichen Schritts; mit kühler, matt gepuderter Haut. Kleine lebhafte, schwarzhaarige Geschöpfe, in Tiger- und Löwenfelle gehüllt bis an die lustige Stumpfnase. Retuschierte, erstarrte Profile; voller Vergangenheit. Blutjunge, erhitzte Gesichtchen; voller Zukunft. Dunkelblaue wehende Capes; knisternde Kleider; kurze

lustige Jacken; um schmale Hüften eng geraffte Roben ... Gelächter und Müdigkeit ... Erwartung und große Hüte ... Zwei dicke
Herren drehen sich um und bleiben stehen ... Heliotrop und Lavendel ...

Und dann sind sie im Nebel verschwunden. – Der Hauptbahnhof wirkt ausverkauft. Mit seiner illuminierten Fassade. Der Nebel
flimmert. Und der Himmel gibt roten Schein.

Ich zünde mir eine Zigarette an. Das Streichholz zischt in einer
Pfütze auf ... Da steht ein älterer Mann neben mir. Unrasiert. Ver-
wahrlost ...»Ham Se nich ne Zigrette for mich?«, fragt er leise. Als
ob er sich schämte. – Ich öffne das Etui und will ihm Feuer geben.
Er nimmt die Zigarette vorsichtig heraus und sagt hastig:»Nee, nee!
Die kommt erscht zu Hause dran.« Dabei lächelt er verlegen ...
Dann rollt er schnell davon ... In den flimmernden Nebel hinein ...

II

Heute tritt mein Freund Paul seine Stellung an: als Aufseher in der
Textilmesshalle. – Als er seine Dienstmütze aufprobierte, hat er ge-
weint. Begreiflich! Er hat noch nie so dumm ausgesehen wie mit
dieser Mütze.»Messdienst« steht groß drauf. Und die Kokarde hat
er selber ankleben müssen. Da wartet er dann ab morgen stoisch
vor dem Eingang der Halle und sagt:»Trikotwaren? Geradeaus
und dann rechts!« Und ein wohlhabender Herr gibt ihm vielleicht
hundert Mark Trinkgeld. Da muss er strammstehen und die rechte
Hand zum Mützenschild führen ... Sonst nimmt ihm der wohlha-
bende Herr schließlich die hundert Mark wieder weg!

Mein Freund Fred wird Keks verkaufen: Er hängt sich einen Kinderkorb vor den Leib, stelzt damit über das Ausstellungsgelände und schreit: »Keks! Kaufen Sie Keks! Leibniz-Keks sind die besten!« Er ist ein hübscher Junge, obwohl er mal Dozent für Philosophie werden will. Den kleinen neugierigen Mädchen wird er schon was aufschwatzen! Und die verheirateten Damen werden mit ihm über Nietzsche sprechen, während er dem Gatten auf 500 Mark herausgibt.

Mein Freund Fritz spielt während der Messe in einem Restaurant der Südstraße fesche Tanzmusik auf; Shimmy und Cake-Walk. Was ihr wollt! – Wenn Sie ihm begegnen, schicken Sie ihm, bitte, kein Bier durch den Ober! – Allasch trinkt er am liebsten … Am Klavier hockt er immer sehr krumm; und zuckt rhythmisch mit den Schultern. Daran sollt ihr ihn erkennen! …

Und ich? Ja – Erst wollte ich Aushilfskellner werden. Ich habe auch schon zu Hause geübt. Aber meine Wirtin gibt das dabei übriggebliebene Porzellan nicht mehr aus dem Schranke … Oder lasse ich mir ein paar Firmenschilder auf Brust und Rücken nageln und wandle, damit behaftet, durch die Grimmaische und die Petersstraße? Da darf ich dann aber nicht auf dem Fußsteig gehen, sondern unten, wo die bösen Autos fahren. Und als wandelnde Litfaßsäule kann man so einem beweglichen Benzinbehälter schwer entrinnen. – Vielleicht verkaufe ich Zeitungen? »Kaufen Sie dieses Blatt, meine Herrschaften! Es steht ein Artikel von mir drin! Sehr lehrreich und sehr lesenswert! Kann ich Ihnen dringend empfehlen! – Lesen Sie die ›Neue Leipziger‹!« – Vielleicht werde ich auch Feuerwehrmann. Oder Portier im »Nachtfalter«. Oder Laufjunge. –

Ich muss mal sehen …

III

Wir haben gestern Besuch gekriegt. Meine Wirtin und ich. Messbesuch. – Seit einer Woche räumen wir deswegen um: Aus der guten Stube haben wir zwei Schlafzimmer gemacht, dadurch, dass wir eine Leine quer hindurchzogen. – In der Küche sind ein Bett, eine Chaiselongue und ein Sofa aufgeschlagen worden. – Meine Wirtin sagt, sie wolle auf dem Korridor im Stehen schlafen.

Und ich? Mein Zimmer ist sehr klein. Sozusagen: vier Wände ohne Zwischenraum! – Wenn ich abends vor dem Schlafengehen Atemübungen mache, muss ich das Fenster und die Tür öffnen. Denn – sobald ich die Arme ausbreite, befindet sich die eine Hand im Flur, die andre im Hof. –

Gestern Abend turne ich gerade: Hände – zur Faust – geballt! – Stoß hoch! Stoß vor! Stoß tief! Stoß – breit! – – Aber, wie ich mit meiner Faust zur Tür hinausfahre, schlage ich gegen einen harten Gegenstand, der sich, nach längerem Schmerzgestöhn, als Herr Löffler und Frau vorstellt. Aus Altona. Schnürsenkel en gros. – Die drei großen Koffer kämen gleich nach. – Ja, was denn eigentlich? – Nun, sie sollten in diesem meinem Zimmer und Bett – – – Die Wirtin stand bescheiden lächelnd im Hintergrund. – Ja, sollte ich denn mit dem Ehepaar zusammen – – – Aber nein! Sie würde mir einen Korbsessel vor die Tür stellen … oder die … Badewanne … Das wäre doch ganz nett? … Ich fand das auch; sehr, sehr nett sogar.

Und dann holte der Schnürsenkel-en-gros eine Flasche Abteilikör aus dem Mantel …

Später kamen Richters und Beyers, die in der transzendental halbierten guten Stube schlafen sollten. (Im Vertrauen: Dass dieser Beyer mit seiner Frau wirklich verheiratet sein soll ... Na, mich geht's ja nichts an! –)

Und wir saßen alle zusammen in der halbierten Stube, rauchten und tranken und ließen das Grammophon spielen und tanzten – – –

Frau Beyer ist wirklich eine entgegenkommende Frau. –

Als wir, alle acht, früh um sechs Uhr auseinandergingen, sagte meine Wirtin bedauernd: »Na, da hadd sich die ganze Umstellerei nich rendiert ... Wenn kee Mensch ins Bedde gehd. – –«

Sie essen ein Schnitzel

Also: Mein Freund Eduard verdient jetzt Geld. Das ist gar nicht schwer. Er sitzt jeden Vormittag in einem Bureau und addiert; seitenlang und wochenlang. Das kriegt er bezahlt, und von diesem Geld studiert er dann anschließend. Bis in die Nacht. – Letzten Sonnabend hat er eine Nachzahlung erhalten. Deswegen hat er mich in ein feines Restaurant zu Mittag eingeladen.

Wir sitzen also im Gasthaus. Die Tische sind weiß gedeckt, und die Kellner schweben wie schwarze Engel durch den Raum. Eduard ergreift eine riesenlange Karte. Das ist die Speisekarte. Weihevolle Stimmung. Da Eduard der Gastgeber ist, darf er auch die Speisen auswählen. Das gehört sich so … Er wählt, und ich male mir ein Wiener Schnitzel in den grellsten Farben aus: Zitrone, panierte Bräune, silberne Sardelle (die Sardelle bekommt Eduard. Denn ich vertrage keinen Fisch). Ich male mir aus … Eduard wählt. Das dauert lange. Begreiflich! Wann waren wir zuletzt in so einem Bratengeschäft? Und wenn Eduard nicht addierte, säßen wir auch nicht hier. – Ich male mir bereits die Kartoffeln aus. Dann weiß ich nicht weiter …

Und schaue zu Eduard hinüber. Der hat den Bleistift in der Hand. Und Falten auf der Stirne. Und sagt gerade: »Merke zehn!« Da sitzt der unselige Mensch und addiert die Preise! Aus lieber Gewohnheit! Ich stoße ihn ins Rippenfell und sage: »Nun?« »Mensch!«, stöhnt er, »nun fang ich wieder von vorn an!« »Womit denn?«, frage ich.

Da wacht er auf. Legt den Bleistift verlegen weg. Blickt mich blöd an. Wird fast rot. Und sagt leise: »Ich denke: Schnitzel ist doch das Solideste. Nicht?«

Ich nicke harmlos …

Märchen-Hauptstadt

Der erste Abend wieder zu Haus!

Die alte liebe Brücke krümmt sich über der alten lieben Elbe wie ein amouröser Kater. Die vielen blinzelnden Laternen wandern über die Brücke wie Lampions zum Kinderfest. Der dunkelblau gefütterte Nachthimmel ist lustig mit Konfetti bestreut; das sind die Sterne. Und drunten im Fluss zittern bunte Lichtstreifen wie Papierschlangen, die man zum Karneval durch ein gelles Gelächter hindurchwirft ...

Vom Belvedere herüber weht ganz dünn und leise ein Wiener Walzer ... Die noch unbelaubten Linden und Platanen droben auf der Brühlschen Terrasse wiegen dazu ein wenig ihre Wipfel. Als ob sie eigentlich gar nicht wollten ...

Dann poltert und klingelt eine lichtfunkelnde Straßenbahn vorüber. Der Herr Brückenzolleinnehmer wartet pflichtgeduldig auf die ehrsam daherrollenden Droschken. Und ein Gymnasiast zieht vor einem kleinen Bürgermädchen seine Mütze. Dabei wird er rot wie seine lateinische Klassenarbeit nach der Korrektur ...

Das Opernhaus ist festlich erleuchtet: »Boris Godunow« wird gespielt! Das große Tagesgespräch ... Es ist Pause. Die Abendkleider und die Smokings lehnen in den mächtigen Fenstern des Foyers, plaudern und blicken mit etwas befremdeten Augen auf das abendliche Treiben herunter.

Über allem ragt die Silhouette der Türme: Als habe sie der liebe

Gott in einer guten Stunde mit inniger Sorgfalt aus dem dunklen Nichts herausgeschnitten ... so wunderschön ... Die Frauenkirche sieht aus wie ein riesiger Kaffeewärmer ... Die Hofkirche greift in die Sterne wie ein luftiges Minarett ... Und zwischen den beiden hängt die Rathausuhr wie ein Vollmond mit Zifferblatt ...

Vormittagssonne. Im Großen Garten. Das mattschwarze Gestänge der alten Kastanien hängt als fein gegittertes Filigran vor dem seidigen Blau des Himmels. Wie damals im Herbst ...

> Der Himmel ist so seidenblau,
> so selig ausgespannt! ...
> Ein Pavillon lehnt fremd und grau
> und fern am Wiesenrand.
>
> Zwei Schwäne ziehen durch den Teich.
> Von drüben kreischt ein Pfau.
> Kentauren ringen stumm und bleich
> um eine nackte Frau ...
> Nun weht der Wind. Und wirbelt Staub.
> Und greift ein braunes Blatt ...

Und so weiter ... Das war im Herbst. – Und jetzt flanieren Krokus und Schneeglöckchen über den Rasen.

Wir sitzen bei Pollender. Im Freien. An runden weißen Tischen. Die Sonne schmeichelt und streichelt, dass man schnurren möchte wie ein Kater am Kamin ... Niedliche kleine Kinder stehen und sitzen herum wie die Kruse-Puppen. Ein Zitronenfalter schwimmt durch die weiche warme Luft. Und in meinem Milchkaffee zappelt eine glanzblaue Brummfliege. (Wohl, weil ich eigentlich lieber Fleischbrühe getrunken hätte ...) Die schönen Damen balancieren ihre neuen Sommerhüte und füttern (mitleidig, wie sie von Natur aus sind) die frechsten Spatzen ... Die Dame links von unserm Tisch besitzt außer ihrem sandfarbenen Mantelkleid auch einen Seidenpinscher; weiß wie Schlagsahne; mit rosa Klecks. Das ist eine Schleife. Der Herr rechts von unserm Tisch droht mit dem Zeigefinger seinem kleinen Bulldogg; schwarz wie ein Neger im Tunnel. Die zwei Hündchen geben sich vor unserm Tisch ein Stelldichein. Betrachten zweifelnd ihre zweifelhaften Physiognomien. Und wenden sich dann tränenden Auges voneinander ab. Wobei sie sich den Anschein geben, als philosophierten sie über die Gefahren der Rassekreuzung ... Die Dame mit dem Pinscher und der Herr mit dem Bulldogg lächeln einander an ... Na also!

Ihre heimlich frohen Blicke und der Sonnenglast und ein kokett trippelnder, wunderbunter Fink und Bonnen mit hüpfenden Kindern. – Man wird so froh dabei. Und lächelt. Und ist nicht einmal den »Neuen Reichen« bös, die dutzendweis um einen Tisch lümmeln, »Eier im Glas« löffeln und dabei wie die Rösser wiehern.

Denn nur ein paar Schritte – – und man steht am Teich; zwei Schwäne fressen gelangweilt die Sonnenkringel aus dem Wasser. Und am Ufer liegt das wundervolle Barockpalais ... So sorglos üppig und doch so beherrscht ... Mit seiner mehrfach gebrochnen Freitreppe. Mit seinen Nischen und Vasen und Voluten und Götterbüsten. Mit seinem grünen sanft geschweiften Patina-Dach.

Mit seinen Erinnerungen an Menuetts und Puderquasten, an flackernde Windlichter, zerknitterte Reifröcke und galante Abenteuer ...

Ein Kindermädchen mit Madonnenaugen bewegt den Wagen mit dem Kleinen nach der Melodie »Das macht der Frühling. Der geht ins Blut ...«. Auf fernen Wegen sieht man drei Reiter. In englischem Trab. Rhythmisch gemessen heben und senken sie sich in den Sätteln ...

Man sitzt ... Und dehnt sich in der Sonne ... Und verliebt sich ein wenig in den roten, kühn gezeichneten (oder gemalten?) Mund einer eleganten Dame in blauem knappem Kostüm und brokatnem Hütchen. Ein Glück, dass sie nicht blond ist; denn dann würde es ernst ...

Der Himmel ist so blau! Und so tief! Und so trunken! Als habe ihn Böcklin angestrichen ...

Nachmittagssonne. Straßenbahnfahrt nach dem Weißen Hirsch ...

Es sitzen so viele liebe kleine Mädchen im Wagen! Und durch das grüne Glas der Schiebetür sehen sie alle miteinander so ein bisschen verträumt und angegriffen aus ... Einfach herzig! Jawohl! ...

Und da ist schon das Waldschlösschen ... Und da sind die Villen ... Und dann die Loschwitzer Höhen: Häuser und Gärten sonnen sich an den Hängen. Und ahnen schon die Pfirsichblüte; wattiges Rosa und Weiß ... Langsam gleitet die Drahtseilbahn mitten hindurch ... ein roter Wagen ... unaufhaltsam, als wolle er in die Elbe hineinfahren ...

Und dann sind wir schon droben auf dem »Hirsch« … Ein Bächlein murmelt, und die blaugrünen Kiefern rauschen, wie sich's für ein Märchen gehört … Und die Sonne purzelt in großen Goldstücken durch die Zweige; auf den geharkten Weg … Auf den Tennisplätzen treiben die Gesunden ihren Sport; in Strandhosen oder flatternden Röckchen. Und die sich krank glauben, schauen zu, kaum dass sie aus ihren valutastarken Pelzmänteln heraushusten können.

Draußen blickt man weit ins Land: milde besonnte Hügel, Dörfer wie Spielzeug und Berge mit schneeigen Hängen. Und ein Zug kriecht ächzend hindurch. Und weiße Federwolken hängen im Blau … Die Sonne neigt sich dem endlosen Wäldermeer entgegen … Und die Mondsichel wird schon sichtbar … das goldene Gondelschiffchen … Und wenn nachher die Laternen angezündet werden … von dem kleinen Laternenmann, weißt du …

Das alte liebe Dresden! Es ist vorbei mit Königsparaden und Hoflieferanten … Sogar die rühmlichen Straßenkehrer scheinen ausgewandert zu sein … Aber noch ist es die alte vornehme Stadt … Und gerade jetzt!

Leipzig ist das Heute. Und Dresden – das Gestern … Leipzig ist die Wirklichkeit. Und Dresden – das Märchen … Und 80 Kilometer Luftlinie liegen zwischen dem Märchen und der Wirklichkeit …

Zwischen Heller und Hinterhöfen

Der Weg zum Heller, wo wir im Sommer spielten, war nicht weit, und doch war es, aus dem Wirrwarr der Straßen heraus, der Weg in eine andere Welt. Wir pflückten Blaubeeren. Das Heidekraut duftete. Die Wipfel der Kiefern bewegten sich lautlos. Der müde Wind trug, aus der Militärbäckerei, den Geruch von frischem, noch warmem Kommissbrot zu uns herüber. Manchmal ratterte der Bummelzug nach Klotzsche über die Gleise. Oder zwei bewaffnete Soldaten brachten einen Trupp verdrossener Häftlinge vom Arbeitskommando ins Militärgefängnis zurück. Sie trugen Drillich, hatten an der Mütze keine Kokarden, und unter ihren Knobelbechern knirschte der Sand.

Wir sahen, wie sie die Bahnüberführung kreuzten und im Gefängnis verschwanden. Manche Zellenfenster waren vergittert, andre mit dunkelbraunem Bretterholz so vernagelt, dass nur von oben ein bisschen Tageslicht in die Zellen sickern konnte. Hinter den verschalten Fenstern, hatten wir gehört, hockten die Schwerverbrecher. Sie sahen die Sonne nicht, die Kiefern nicht und auch uns nicht, die vom Indianerspiel ermüdeten Kinder im blühenden Heidekraut. Aber sie hörten es wie wir, wenn am Bahnwärterhäuschen das Zugsignal läutete. Was mochten sie verbrochen haben? Wir wussten es nicht.

Die Glöckchen der Erikablüten und das Kommissbrot dufteten. Das Zugsignal läutete. Der Bahnwärter, der seine Blumen gegossen hatte, setzte die Dienstmütze auf und erwartete, in strammer Haltung, den nächsten Zug. Der Zug schnaufte vorbei. Wir winkten, bis er in der Kurve verschwand. Dann gingen wir nach Hause. Zurück in unsre Mietskasernen. Die Eltern, die Königsbrücker Straße und das Abendbrot warteten schon.

Sonst spielten wir in den Hinterhöfen, turnten an den Teppichstangen und ließen uns, aus den Küchenfenstern, die Vesperbrote herunterwerfen. Es war wie im Märchen, wenn sie, in Papier gewickelt, durch die Luft trudelten und auf dem Hofpflaster aufklatschten. Es war, als fiele Manna vom Himmel, obwohl es Brote mit Leberwurst und Schweineschmalz waren. Ach, wie sie schmeckten! Nie im Leben hab ich etwas Besseres gegessen, nicht im Baur au Lac in Zürich und nicht im Hotel Ritz in London. Und es hülfe wohl auch nichts, wenn ich künftig den Chefkoch bäte, mir die getrüffelte Gänseleberpastete aus dem Fenster auf die Hotelterrasse zu werfen. Denn sogar wenn er es, gegen ein beträchtliches Trinkgeld, täte – Brote mit Schweineschmalz wären es deshalb noch lange nicht.

Bei Regen spielten wir im Hausflur oder, über Fleischer Kießlings Pferdestall, auf dem Futterboden, wo es nach Häcksel, Heu und Kleie roch. Oder wir enterten den Lieferwagen, knallten mit der Peitsche und jagten ratternd und rumpelnd über die Prärie. Oder wir plauderten mit dem stampfenden Pferd im Stall. Manchmal besuchten wir auch Gustavs Vater, den Herrn Fleischermeister, im Schlachthaus, wo er mit dem Gesellen zwischen hölzernen Mulden, Schweinsdärmen und Wurstkesseln hantierte. Wir bevorzugten die Freitage. Da wurde frische Blut- und Leberwurst gekocht, gerührt und abgefasst, und wir durften sachverständig kosten. Unser Sachverständnis war über jeden Zweifel erhaben. Auch auf dem Spezialgebiet »Warme Knoblauchwurst«.

Noch jetzt, an meiner Schreibmaschine, läuft mir das Wasser im Munde zusammen. Aber das hilft mir nichts. Es gibt keine warme Knoblauchwurst mehr. Sie ist ausgestorben. Auch in Sachsen. Vielleicht haben sich die Fleischermeister meiner Kindheit mit dem Rezept im Bratenrock begraben lassen? Das wäre ein schwerer Verlust für die Kulturwelt.

Kleine Führung durch die Jugend

Und plötzlich steht man wieder in der Stadt,
in der die Eltern wohnen und die Lehrer
und andre, die man ganz vergessen hat.
Mit jedem Schritte fällt das Gehen schwerer.

Man sieht die Kirche, wo man sonntags sang.
(Man hat seitdem fast gar nicht mehr gesungen.)
Dort sind die Stufen, über die man sprang.
Man blickt hinüber. Es sind andre Jungen.

Der Fleischer Kurzhals lehnt an seinem Haus.
Nun ist er alt. Man winkt ihm wie vor Jahren.
Er nickt zurück. Und sieht verwundert aus.
Man kennt ihn noch. Er ist sich nicht im Klaren.

Dann fährt man Straßenbahn und hat viel Zeit.
Der Schaffner ruft die kommenden Stationen.
Es sind Stationen der Vergangenheit!
Man dachte, sie sei tot. Sie blieb hier wohnen.

Dann steigt man aus. Und zögert. Und erschrickt.
Der Wind steht still, und alle Wolken warten.
Man biegt um eine Ecke. Und erblickt
ein schwarzes Haus in einem kahlen Garten.

Das ist die Schule. Hier hat man gewohnt.
Im Schlafsaal brennen immer noch die Lichter.
Im Amselpark schwimmt immer noch der Mond.
Und an die Fenster pressen sich Gesichter.

Das Gitter blieb. Und nun steht man davor.
Und sieht dahinter neue Kinderherden.
Man fürchtet sich. Und legt den Kopf ans Tor.
(Es ist, als ob die Hosen kürzer werden.)

Hier floh man einst. Und wird jetzt wieder fliehn.
Was nützt der Mut? Hier wagt man nicht zu retten.
Man geht, denkt an die kleinen Eisenbetten
und fährt am besten wieder nach Berlin.

Besuch in der Kinderkaserne

Fabian lief die Heerstraße entlang, an der Garnisonskirche und den Kasernen vorüber. Der runde kiesbestreute Platz vor der Kirche war leer. Wann war das denn gewesen, dass er hier gestanden war, ein Soldat unter Tausenden, die Hosen lang, den Helm auf dem Kopf, gerüstet zur feldgrauen Predigt, siebzehnjährig, bereit zu hören, was der deutsche Gott seinen Armeen mitteilen ließ? Er blieb am Tor der ehemaligen Fußartilleriekaserne stehen und lehnte sich an die Eisenstäbe. Antreten zum Dienstverlesen, Geschützexerzieren, Ausmarsch zum Nachtdienst, Vortrag über die Kriegsanleihe, Löhnungfassen, was war alles auf diesem öden Hof geschehen? Hatte er hier nicht gehört, wie die alten Soldaten, ehe sie zum dritten und vierten Male feldmarschmäßig abgeführt wurden, miteinander um ein Kommissbrot wetteten, wer am schnellsten zurück sein werde? Und waren sie nicht, eine Woche später, in lumpiger Uniform wiederaufgetaucht, einen Tripper echt Brüsseler Abstammung am Leibe? Fabian ließ das Gitter los und ging weiter an den alten protzigen Grenadier- und Infanteriekasernen vorbei. Hier war der Park der Schule, in der er jahrelang gesessen und gelebt hatte, ehe er mit Linksdrall, Scherenfernrohr und Lafettenschwanz bekannt gemacht wurde. Die Straße, die sich zu der Stadt hinuntersenkte, abends war er sie heimlich entlanggerannt, nach Hause, zur Mutter, auf wenige Minuten. Ob Schule, Kadettenanstalt, Lazarett oder Kirche, an der Peripherie dieser Stadt war jedes Gebäude eine Kaserne gewesen.

Noch immer lag das große graue Gebäude mit den schiefergedeckten spitzen Ecktürmen da, als sei es bis unters Dach mit Kindersorgen angefüllt. Die Fenster der Direktionswohnung waren noch immer mit weißen Gardinen geziert, im Gegensatz zu den vielen schwarzen schmucklosen Fenstern, hinter denen die Klassenzimmer, die Wohnräume der Schüler, die Schrankzimmer und die Schlafsäle lagen. Früher hatte er immer geglaubt, das riesige Haus müsse nach der Seite, auf der die Direktorialwohnung lag, tief in die Erde sinken, so schwerwiegend war ihm die Tatsache erschienen, dass hier Gardinen an den Fenstern hingen. Er ging durch das Tor und stieg die Stufen hinauf. Aus den Klassenzimmern drangen dunkle und helle Stimmen. Der leere Korridor war erfüllt davon. Aus der ersten Etage wehten Chorgesang und Klavierspiel. Fabian verschmähte die breite Freitreppe, er kletterte im Seitenflügel die schmalen Stufen hinan, zwei kleine Schüler kamen ihm entgegen.

»Heinrich«, rief der eine, »du sollst sofort zum Storch kommen und die Hefte holen.«

»Der wird's wohl erwarten können«, sagte Heinrich und ging krampfhaft langsam durch die schwankende Glastür.

Der Storch, dachte Fabian, es hat sich nichts geändert. Dieselben Lehrer waren noch da, die Spitznamen waren geblieben. Nur die Schüler wechselten. Ein Jahrgang nach dem andern wurde erzogen und gebildet. Früh läutete der Hausmeister. Die Jagd begann: Schlafsaal, Waschsaal, Schrankzimmer, Speisesaal. Die Jüngsten deckten den Tisch, holten die Butterdosen aus dem Eisschrank und die emaillierten Kaffeekannen aus dem Aufzug. Die Jagd ging weiter: Wohnzimmer, Staubwischen, Klassenzimmer, Unterricht, Speisesaal. Die Jüngsten deckten den Tisch fürs Mittagessen. Die Jagd ging weiter: Freizeit, Gartendienst, Fußballspiel, Wohnzimmer, Schularbeiten, Klassenzimmer, Speisesaal. Die Jüngsten deckten den Tisch fürs Abendbrot. Die Jagd ging weiter: Wohnzimmer, Schularbeiten, Waschsaal, Schlafsaal. Die Primaner durften zwei Stunden länger aufbleiben und rauchten unten im Park Zigaretten. Es hatte sich nichts geändert, nur die Jahrgänge wechselten.

Fabian stand in der dritten Etage und öffnete die Tür zur Aula. Morgenandacht, Abendandacht, Orgelspiel, Kaisers Geburtstag, Sedanfeier, Schlacht bei Tannenberg, Fahnen im Turm, Osterzensuren, Entlassung der Einberufenen, Eröffnung der Kriegsteilnehmerkurse, immer wieder Orgelspiel und Festreden voller Frömmigkeit und Würde. Einigkeit und Recht und Freiheit hatte sich in der Atmosphäre dieses Raumes festgebissen. Ob es noch so wie früher war, dass man, kam ein Lehrer vorüber, strammstehen musste? Mittwochs gab es zwei und sonnabends drei Stunden Ausgang. Ob man immer noch, wenn der Ausgang entzogen worden war, vom Inspektor angehalten wurde, Zeitungen mit Hilfe einer Schere in Abortpapiere zu verwandeln?

War es denn nicht auch manchmal schön gewesen? Hatte er immer nur die Lüge gespürt, die hier umging, und die böse heimliche Gewalt, die aus ganzen Kindergenerationen gehorsame Staatsbeamte und bornierte Bürger machte? Es war manchmal schön gewesen, aber nur trotzdem. Er verließ die Aula und stieg die düstere Wendeltreppe zu den Wasch- und Schlafsälen hinauf. In langer Front standen die eisernen Bettstellen. An den Wänden hingen die Nachthemden militärisch ausgerichtet. Ordnung musste sein.

Nachts waren die Primaner aus dem Park heraufgekommen und hatten sich zu erschrockenen Quintanern und Quartanern ins Bett gelegt. Die Kleinen hatten geschwiegen. Ordnung musste sein. Er trat ans Fenster. Unten im Flusstal schimmerte die Stadt mit ihren alten Türmen und Terrassen. Wie oft war er, wenn die anderen schliefen, hierher geschlichen, hatte hinabgeblickt und das Haus gesucht, in dem die Mutter krank lag. Wie oft hatte er den Kopf an die Scheiben gepresst und das Weinen unterdrückt. Es hatte ihm nicht geschadet, das Gefängnis nicht und das unterdrückte Heulen nicht, das war richtig. Damals hatte man ihn nicht kleingekriegt. Ein paar hatten sich erschossen. Es waren nicht viele gewesen. Im Krieg hatten schon mehr daran glauben müssen. Später waren noch etliche gestorben. Heute war die Hälfte der Klasse tot. Er stieg die Treppen hinunter, verließ das Gebäude und ging in den Park. Mit Reisigbesen und Schaufeln und spitzen Stöcken waren sie hinter einem Handwagen hergetrabt, hatten welkes Laub zusammengekehrt und Papier, das herumlag, aufgespießt. Der Park war groß, er senkte sich zu einem kleinen Bach hinab.

Fabian lief auf den alten vertrauten Pfaden, setzte sich auf eine Bank, blickte in die Wipfel der Bäume, ging weiter und wehrte sich vergeblich dagegen, dass ihn das, was er sah, zurückverwandelte. Die Säle und Zimmer und Bäume und Beete, die ihn umgaben, waren keine Wirklichkeit, sondern Erinnerungen. Hier hatte er seine Kindheit zurückgelassen, und nun fand er sie wieder. Sie sank von den Zweigen und Wänden und Türmen auf ihn herab und bemächtigte sich seiner. Er schritt immer tiefer hinein in den melancholischen Zauber.

Er kam zur Kegelbahn, die Kegel standen schussfertig. Fabian sah sich um, er war allein, da nahm er eine große Kugel aus dem Kasten, holte aus, lief vor und ließ die Kugel über die Bahn rollen. Sie machte ein paar kleine Sprünge. Die Bahn war immer noch uneben. Sechs Kegel fielen klappernd um.

»Was soll denn das?«, fragte jemand ärgerlich. »Fremde haben hier nichts zu suchen!« Es war der Direktor. Er hatte sich kaum verändert. Sein assyrischer Bart war nur noch grauer geworden.

»Entschuldigen Sie«, sagte Fabian, zog den Hut und wollte sich entfernen.

»Einen Augenblick«, rief der Direktor. Fabian drehte sich um. »Sind Sie nicht ein ehemaliger Schüler von uns?«, fragte der Mann. Dann streckte er die Hand aus. »Natürlich, Jakob Fabian! Herzlich willkommen! Das ist nett. Haben Sie Sehnsucht nach Ihrer alten Schule gehabt?« Sie begrüßten sich.

»Eine böse Zeit«, sagte der Direktor. »Eine gottlose Zeit. Die Gerechten müssen viel leiden.«

»Wer sind die Gerechten?«, fragte Fabian. »Geben Sie mir ihre Adresse.«

»Sie sind immer noch der Alte«, meinte der Direktor. »Sie waren immer einer der besten Schüler und einer der frechsten. Und wie weit haben Sie es damit gebracht?«

»Der Staat ist im Begriff, mir eine kleine Pension zu bewilligen«, sagte Fabian.

»Arbeitslos?«, fragte der Direktor streng. »Ich hatte mehr von Ihnen erwartet.« Fabian lachte. »Die Gerechten müssen viel leiden«, erklärte er.

»Hätten Sie nur damals Ihr Staatsexamen gemacht«, sagte der Direktor. »Dann stünden Sie jetzt nicht ohne Beruf da.«

»Ich stünde in jedem Fall ohne Beruf da«, entgegnete Fabian erregt. »Auch wenn ich ihn ausübte. Ich kann Ihnen verraten, dass die Menschheit mit Ausnahme der Pastoren und Pädagogen nicht mehr weiß, wo ihr der Kopf steht. Der Kompass ist kaputt, aber hier, in diesem Haus, merkt das niemand. Ihr fahrt nach wie vor in eurem Lift rauf und runter, von der Sexta bis zur Prima, wozu braucht ihr einen Kompass?«

Der Direktor schob die Hände unter die Flügel seines Gehrocks und sagte: »Ich bin entsetzt. Es gäbe keine Aufgabe für Sie? Gehen Sie hin und bilden Sie Ihren Charakter, junger Mensch! Wozu haben wir Geschichte getrieben? Wozu haben wir die Klassiker gelesen? Runden Sie Ihre Persönlichkeit ab!«

Fabian betrachtete den wohlgenährten, selbstgefälligen Herrn und lächelte. Dann sagte er: »Sie mit Ihrer abgerundeten Persönlichkeit!«, und ging.

Der neugebackene Fleischerlehrling schreibt

Liebe Mama, Du brauchst nun nicht zu meinen
weil ich schon schreibe geht es mir nicht gut.
Ich hatte hier gar keine Zeit zum weinen.
Auch wird man bei dem schlachten von den Schweinen
sehr bald sehr hart. Denn man sieht sehr viel Blut.
Wir sind zwei Lehrlinge und vier Gesellen.
Der älteste wird manchmal rabiat.
Und dann verteilt er gut gezielte Schellen.
Ne Wurstfabrik, sagt er in solchen Fällen,
sei absoluth kein Mädchenpangsionat.
Wir schlafen nachts vier Treppen unterm Dache.
Nur die Gesellen schlafen meist nicht da.
Ich denke früh an Euch wenn ich erwache
und nachmittag wenn ich Geschabtes mache.
Und schickt mir meine Mundharmonika.
Wenn viel zu tun ist muss ich in den Laden
und wickle, was die Kunden kaufen ein.
Gewiegtes, Schinken, Wurst, und Rindsrouladen.
Das kann mir später glaub ich garnicht schaden.
Im Schlachthaus bin ich manchmal noch zu klein.
Wir essen Wurst soviel wir essen wollen.
Doch wenn man Fleischer ist dann geht das schwer.
Ich hätte eben Bäcker werden sollen.

Doch wär ich Bäcker, schmeckte mir kein Stollen
und auch kein Kuchen schmeckte mir dann mehr.
Na ja, jetzt muss ich auf den Schlachthof fahren.
Wir reichen mit der Hammelbrust nicht aus.
Ich lauf jetzt rum mit kurz geschornen Haaren.
Es war viel schöner als sie länger waren.
Und in sechs Wochen komme ich nach Haus.

Weisheit der Bücher

In den oberen Gymnasialklassen brachte uns die neueren Sprachen ein alter Professor bei, der nur Vorzüge besaß. Das klingt zwar nach mutwilliger Übertreibung. Aber es war so. – Immerhin scheint es am Platze, diesen unwahrscheinlichen Lehrer mit einigen Fußnoten zu versehen. Gerade die Wunder bedürfen ja der Beweise.

Also: Jener Professor war, zum Beispiel, jahrelang in der Türkei gewesen; und aus diesem nicht eigentlich zureichenden Grunde nannten wir ihn »Scheich«. In Schottland hatte er irgendeinen Shaftesbury erzogen. An der Harvard-Universität erinnerte man sich seiner mit Vergnügen, und in Paris war er beinahe zu Hause. Er galt demnach, mit gutem Recht, für einen welterfahrenen Mann; mochte aber auch in jenem anderen Gebiet, das keiner Ausdehnung bedarf, um groß zu sein – in der Welt der Leidenschaften und Enttäuschungen –, einigermaßen bewandert sein. Jedenfalls ließ manche seiner Bemerkungen darauf schließen … Er war gewiss nicht als Lehrer schon zur Welt gekommen, sondern er war es mühsam geworden. Er hatte sein Leben nie als Sparguthaben betrachtet; er hatte damit spekuliert.

Können Sie sich jetzt ein Bild vom »Scheich« machen? Noch nicht? – Dann also ein paar äußere Zutaten: Er war von unbeschreiblich belangloser Figur, war ernstlich der Kleinste in der Klasse … Dazu ein Sanguiniker, der wie ein Gummiball durch die Bankreihen hüpfte. Er war nicht nur der Kleinste, sondern auch der

Jüngste. Er konnte herrlich mit den Augen rollen, während er deklamierte. Wie Hiob raufte er sich den Bart, wenn er unzufrieden wurde. Und wie oft war es notwendig, dass er sich den Bart raufte! – Oder er stand zuweilen neben einem der Primaner still, legte ihm die Hand auf die Schulter und bemerkte dann irgendetwas, das wir nie ganz vergaßen.

Von einer jener Bemerkungen ist hier zu reden. – In einer der Schulstunden, die keine waren (ob wir Mérimée lasen oder Meredith, ob Dickens oder Verlaine, wird niemand von uns noch wissen), in einer dieser Stunden sagte er plötzlich und fast obenhin: »Lassen Sie sich nichts weismachen! Wir Durchschnittssorte begreifen das Leben nicht per Erfahrung, sondern in Büchern ... Und wenn wir die Erde exakter als unsere Westentasche kennen! Und wenn wir die Leidenschaften täglich und im Akkord beschäftigen – der einzige Roman eines Dichters ist uns dienlicher als drei Cook-Fahrten um die Welt und zehn Liebschaften mit annähernd tödlichem Ausgang. – Hiermit will ich Ihre Sehnsucht nach dem Leben nicht verspotten, sondern bloß den Wert der großen Romane ins gehörige Licht gerückt haben. Sie können mir's glauben. Denn ich habe wahrhaftig nicht nur Romane gelesen ... Na ja. Dixi. Giese, fahren Sie fort!«

Kein Mensch wird, nachträglich, von uns erwarten, dass wir dem »Scheich« glaubten. Er selber hätte uns das verübelt und auf unsere Temperamentlosigkeit geschimpft. – Nun, das alles ist lange her ... Als Studenten schrieben wir, sooft sich zwei von uns trafen, Ansichtskarten an ihn. Und später? Der Mensch ist als undankbare Kreatur bekannt. Aber recht hat der »Scheich« damals gehabt!

Freilich blieb einigen nicht sonderlich viel Zeit zur Romanlektüre. Einige kamen im Kriege um. Ein paar starben in Davos, wo ihnen auch der Pneumothorax nicht mehr helfen konnte. Einer lief sich beim Hockeyspiel die Zehen blutig und starb an falscher Behandlung. Und noch einer, der Klügste von allen, schoss sich tot. – Immerhin, die anderen blieben übrig; erlebten Schönes und Hässliches, wie der Zufall es fügte, und nannten's Erfahrung. Binsenwahrheiten wurden neu entdeckt; Allgemeinplätze wurden beharrlich abgeschritten; Amerika und Ehebruch, Liebe und Berufswechsel, Reichtum und Konkurse wurden »erfahren«. Wie man Mahlzeiten zu sich nimmt, wurde das Leben hingenommen. Es schmeckte nur ab und zu; verdaut wurde es immer. Ohne langes Nachdenken, unwillkürlich und hübsch nebenbei. So, wie sich das für einen geordneten Stoffwechsel ziemt.

Geht es nicht allen so? Wer wagt zu behaupten, er stünde sich selber so fern, dass er sein Leben wie eine Landschaft überschaut? Wer errät den Sinn jener törichten Serie von Zufällen, die seine Existenz ausmachen? Jeder ist Durchgangsstation für hunderttausend Erlebnisse; das Leben vollzieht sich unsichtbar hinter dem Kulissenbau der Tatsachen.

Nur wenige Menschen – selten sind sie, und früher hießen sie Dichter –, nur sie erkennen, was den anderen einfach passiert. In ihren Romanen hat plötzlich Zusammenhang, was sonst ohne Beziehung; hier hat Sinn, was sinnlos schien. Zufall enthüllt sich als Schicksal; aus dem Wirrwarr löst sich das Gesetz; Besonderes wird zum Symbol.

Wer solch ein Buch liest, spürt, wie ihm eine Binde von den Augen sinkt. Er wird sehend. – Er war nur der Exekutor seiner Taten und Leiden; jetzt wird er ihr sinnender Betrachter. Er lebte als Geschöpf; jetzt erlebt er eine Schöpfung.

Der »Scheich« kannte die Erde, und er kannte Schmerz und Glück. Und den Dichtern verdankte er, was er allein nicht erreicht hätte: Bescheidenheit trotz des Glückes; Heiterkeit trotz des Schmerzes; Klarheit trotz der Abenteuer. – Darum riet er uns, was wir nicht glauben wollten: dass das Leben in den Büchern steht; dass andere deuten, was uns widerfuhr … Jetzt glauben wir's.

Zur Fotografie eines Konfirmanden

Da steht er nun, als Mann verkleidet,
und kommt sich nicht geheuer vor.
Fast sieht er aus, als ob er leidet.
Er ahnt vielleicht, was er verlor.

Er trägt die erste lange Hose.
Er spürt das erste steife Hemd.
Er macht die erste falsche Pose.
Zum ersten Mal ist er sich fremd.

Er hört sein Herz mit Hämmern pochen.
Er steht und fühlt, dass gar nichts sitzt.
Die Zukunft liegt ihm in den Knochen.
Er sieht so aus, als hätt's geblitzt.

Womöglich kann man noch genauer
erklären, was den Jungen quält:
Die Kindheit starb; nun trägt er Trauer
und hat den Anzug schwarz gewählt.

Er steht dazwischen und daneben.
Er ist nicht groß. Er ist nicht klein.
Was nun beginnt, nennt man das Leben.
Und morgen früh tritt er hinein.

49

Pressefest 1925

Ein unkluges Wort zur unrechten Zeit: Leipzig befriedigt – viel konsequenter als andere Städte – seine geselligen Bedürfnisse im Allgemeinen unter höchst hermetischem Ausschluss der Öffentlichkeit. Man kann – auch ohne mehrfach vorbestraft zu sein und trotz der einnehmendsten Manieren – jahrelang in dieser Stadt leben, ohne die »besseren Kreise« zu tangieren. Ihre exklusive Haltung hat natürlich Ursachen. Doch genug davon!

Jedenfalls: Das Pressefest im Zoo ist einer der wenigen vergnüglichen Anlässe, die »man« nicht vorübergehen lässt, um aus seiner sonst so kühlen Reserve herauszutreten. Die »Große Revue« des guten Publikums rollt ab. Unter dem Mantel der Wohltätigkeit (dem hauptsächlichsten Kleidungsstück der Bälle) versucht man die Kunst der geselligen Freude auszutoben. Und siehe da: Es gelingt! Im wahrsten Sinne des Wortes: Prosit!

Nackte Schultern. Verhülltes Lachen. – Samt und Seide. Und Schmuck. Und Sekt. – Lustig sein. Und sich lustig machen. – Damen verteilen Blickkonfekt. – Tausend Farben. Und tausend Sachen. – Herren in Schwarz. Auch sonst korrekt. – Toller Trubel. Musik und Tanz. – Große Säle. Und kleine Malheure. – Gläserklingen. Spiegel. Glanz. – Junge Frauen. Und alte Liköre. – Mummenschanz. Und Eleganz. – Ehemänner. Und Flaneure. – Luft und Blumen. Lärm und Rauch. – Wiedersehen. Walzerweise. – Handkuss. Und diskreter

Hauch. – Karussell der besten Kreise. – Sehr entfernt fließt heut die Pleiße. – Alles freut sich. Ich mich auch. – Dieser sehr »versierte« Abschnitt wird hoffentlich, als impressionistische Wiedergabe bunter Eindrücke, einen Abglanz des Festes vermitteln können.

»*Das dunkle Leipzig!*« Eine satirische und tänzerische, musikalische und stimmliche Darbietung. Mit anderen Worten: Das Gesamtkunstwerk! Etwa im wagnerschen Sinne. – Andere Jahre war das künstlerische Programm kaum mehr als ein tapfer erduldetes retardierendes Moment (Moment?) vorm Ball. Warum? Weil der Zoosaal an Größenwahnsinn leidet; weil keiner etwas sah, hörte oder gar verstand. Diesmal aber! Man hatte den Saal halbiert und dadurch die Wirkung vervielfältigt. Mitten durch den Raum zog sich, einer Mole ähnlich, eine meterhohe, mehrere Meter breite Rampe: eine Straße Leipzigs. Mit Laternen bestanden. Reizend! – Plötzlich lag der Saal in tiefem Dunkel … Nacht … Scheinwerfer streuten ihre Lichtkegel. Laternenanzünder tanzten daher. Ein Betrunkener, namens Karl Keßler, geriet in Schutzhaft. Eine Droschke mit einem ganz lebendigen Pferd rollte daher. Herr *Steinherr* und Margarete Rößner, elegante Nachtschwärmer, disputierten *en Couplet* über eine Eventualehe. Apachen, Grisetten, Stepptänzer, Zeitungs- und Würstchenverkäufer. Die alkoholreiche, lumpensammelnde »Königin der Nacht«. Zum Schluss in ewigem Wandel begriffene Mannequins. Zauberhafte Gewänder. Mondäne Moden. Moderne Frisuren; weiße und rote Perücken. – Kurz, was sich halt so auf Leipzigs mitternächtlichen Straßen abspielt … Hm! […]

Der Karneval des Kaufmanns

Der Unterschied zwischen Groß- und Kleinstadt ist nicht nur und ist nicht eigentlich mit einem Mehr und Minder an Einwohnern oder Quadratkilometern gekennzeichnet; und es gehört nicht zu den schwersten Aufgaben, die einer normal entwickelten Phantasie zugemutet werden dürfen: sich zwei gleich große und gleich stark bevölkerte Häuserkomplexe vorzustellen, deren einer den großstädtischen und deren andrer den kleinstädtischen Typus unmissverständlich verkörpert. Es handelt sich weniger um eine numerische Differenz; eher um einen Unterschied der Art, der geistigen Dimensionen, des Fluidums, des Temperaments.

Mustert man unter diesem Gesichtspunkte Deutschlands Städte, so wird man – ohne allzu ausführliche Zweifel – zu dem Ergebnis gelangen, dass außer der Metropole Berlin eine weitere Großstadt – seit 1914 zum wenigsten – nicht existiert.

Aber zweimal im Jahre erfährt dieser Tatbestand eine für acht Tage geltende Korrektur; Ende Februar und Ende August vollzieht sich dieser eine Woche während Wandel; vollzieht sich Jahr für Jahr, in unerbittlicher Periodizität; vollzieht sich in Leipzig und hat die Messen zum Anlass.

Flut und Ebbe, Systole und Diastole – so mancher Prozess im Reiche der Natur scheint diesem traditionellen Kulturvorgange verwandt zu sein, der die besondere Art Leipzigs bedingt und erklärt; der jenen kurzen stets wiederkehrenden Rausch der Geschehnisse und Geschäfte und diese wohltemperierten, lässlichen Zeiten der Ermattung und Erwartung in ihrem Zusammenhange charakterisiert.

Doch da es hier keinen Essay, sondern eine Skizze, keine historische Analyse Leipzigs, sondern eine Veranschaulichung der Messe zu schreiben gilt, muss von der Durchführung solcher Analogien abgesehen und soll mit dem Film der Tatsachen begonnen werden.

Der Titel hat recht: Die Leipziger Messe ist in der Tat ein Karneval. Und besonders gewiegte Kenner und geschäftige Teilnehmer wollen sogar den Aschermittwoch oft genug bemerkt haben. – Und sie ist der Karneval des Kaufmanns!

Manchen Tag vorher beginnt eine Stimmung des Großreinemachens um sich zu greifen wie etwa in sanften menschenfernen Kurorten dicht vor der Saison. Auf Grund weiser Ökonomie werden die Wohnungen der Bürger zu zahllosen Fremdenlogis parzelliert; die Programme der Kabaretts und Varietés preisen unerhörte Sinnenschmäuse an; die Hotels ruhen in ahnungsvoller Stummheit, die nur von dem gegenstandslosen Training der Aushilfskellner lärmend gemildert wird; Wegweiser, hoch wie die Schiffsmasten, zeigen dienstbereit nach allen Richtungen; die Schaufenster üben sich im Überschreien; aus den Fassaden der Häuser strecken sich Tausende bunter Schilderchen, mit Namen und Branchen klatschsüchtig beschriftet; Fahnen, Wimpel, Bänder, Ballone schwingen und knattern in der Luft, verhängen den Himmel und breiten enge Dämmerung in den schmalen Straßen aus; vollgefrachtete Lastwagen und Kraftautos ächzen über das Pflaster; Rollkutscher und

Transportarbeiter, Monteure und Zimmerleute, Firmenmaler und Dekorateure eifern wütig und fanatisiert mit- und gegeneinander; die Stadt erzittert von der Hast und unter dem Taumel kurzfristiger Schöpfung.

Und dann ist die Stadt bereit: Hinreißend bunt und nach innen ins Riesenhafte geweitet, wartet sie auf den Einzug der Gäste, auf die moderne, technisierte Völkerwanderung, deren magnetisch wirkendes Ziel sie ist.

Schnellzug auf Schnellzug braust in die grandiose Halle des Hauptbahnhofs. Ein Chaos von Koffern und Menschen wirbelt und wälzt sich den Ausgängen zu. Eine Orgie von Schreien und Pfiffen rüttelt an den gläsernen eisenverschnürten Kuppeln, Tage, Nächte hindurch währt diese Ankunft der königlichen oder doch fürstlichen Kaufleute, der imposanten Großindustriellen, der hastigen Händler mit und ohne Ware, der kriminalistisch klugen Agenten, der redelüsternen Reisenden, der gewissenhaft existierenden Angestellten. Und zwischen ihnen drängt sich schmiegsam und zielsicher das Heer mehr und minder schöner Frauen, nicht weniger international und hoffnungsfreudig als die männliche Armee.

Man muss den Import des ewigweiblichen Messgutes erlebt haben; man muss einmal zugeschaut haben, wenn die Damen des Karnevals anmarschieren: die Verachtung spielende Abenteuerin und das kleine Mädchen ohne Retourbillett, das erfahrungsarme und bargeldlose halbwüchsige Ding und das reifere Fräulein, dessen Augen vergangene Naturschönheit durch Kultur erworbener Talente zu ersetzen versprechen. Zwitschernd und lachend, kokett und geschwätzig zieht diese Parade des Paradieses vorbei, dieser Kongress der Auswandrerinnen aus der guten Gesellschaft; alle mit der gleichen Absicht und dem kleinen rindsledernen Köfferchen bewaffnet: Omnia mea mecum transportans. – Welch ein Wirbelwind einander feindlich gesinnter Parfüms, welch ein Feuerwerk konkurrenzkräftiger Blicke, welch eine Landkarte zur Geographie der Liebe!

Tage, Nächte hindurch grassiert nun eine Epidemie der Eheschließungen und Scheidungen von einzigartigem Ausmaß und jedes andern Karnevals würdig.

Der scheinbar tragisch anmutende Widerstreit der Pflichten, die dem Kaufmann hier aus Beruf und Neigung erwachsen, ist von berufener Seite als ungefährlich erkannt, und in witziger Weise dahin formuliert worden: Tagsüber gehen die Herren ihren Geschäften, die Damen ihren Vergnügen nach; die Abende vollziehen sich in der umgekehrten Proportion. –

In den ersten Messtagen durch die Hauptstraßen der Stadt – durch die Grimmaische und Petersstraße – zu gehen, ist ein geradezu hybrides Unterfangen. Bürgersteige und Fahrwege sind illusorische Begriffe geworden. Eine unteilbare zähe Masse von Körpern und Köpfen wogt zwischen den Häusern dahin; Droschken, Straßenbahnen und Autos quälen sich mühselig und Schritt um Schritt vorwärts. Die gebremste Hast Tausender setzt sich in ein tolles Konzert von Hupsignalen, Glockenzeichen, Rufen und Pfiffen um. Zeitungsfrauen, Andenkenverkäufer, Händler mit zweifelhaften Scherzartikeln, Zettelverteiler tauchen auf und unter. Schaufenstersensationen machen aus Menschen undurchdringliche auf Zehenspitzen schwankende Mauern.

Fastnachtreife Reklameumzüge sperren den Verkehr endgültig: stelzenlaufende Schornsteinfeger, Wagen mit immensen Nigringötzen und Chlorodonttuben, echte Kamele, ausgestopfte Krokodile, Liliputaner, Bäckerjungen und bewamste Landsknechte, köstlich bestrumpfte umgestülpte Damenbeine aus Holz, fahrende Koffer, orientalisch maskierte von Geisterhänden gelenkte Automobile, den Himmel verdunkelnde schwerfällig schwankende Trauben roter, grüner, gelber, blauer, weißer kleiner Luftballons, die, plötzlich befreit, höher und höher steigen, bis sie zu Pünktchen werden und winzig die knatternden Flugzeuge umtanzen, die über dem Sodom und Gomorrha des Angebots und der Nachfrage ihre großzügigen Schleifen ziehen und Zettel streuen.

Die Göttin der Reklame scheint wahnsinnig geworden! Von den zierlich geschnörkelten, von den kühn ausschweifenden Fassaden der ehrwürdig alten Häuserzeilen schreit und wirkt die Käuflichkeit der Welt: Schnürsenkel und Starkstromanlagen, Druckknöpfe und Ackermaschinen, Hüfthalter und Kinderspielzeug, Rasierklingen und Einfamilienhäuser, Stehlampen und Mundwässer, Thermosflaschen und Steinwayflügel, Korbmöbel und Indanthrenfarben, Hosenträger und Meißner Porzellan, Intarsien und Plattfußeinlagen, Gemüsekonserven und Radio – der ganze wirre Reichtum des Notwendigen und des Überflüssigen wird angepriesen und in bis unter die Dächer vollgefrachteten Ausstellungsgebäuden gezeigt und erprobt. Und es mag schwer sein, sich zu entscheiden. Christbaumschmuck oder Meys Stoffkragen, Grammophon oder Füllfederhalter, Kronleuchter oder Schnurrbartbinde – das ist hier die Frage!

In diesen Tagen unblutiger Kämpfe, biederer Versicherungen und intriganter Schachzüge pocht in einer mittelgroßen deutschen Stadt das Herz der zivilisierten Welt, als wolle es bersten! Und es ist, als höre man die hastig wilden Schläge; als spüre man das dumpfe gewaltige Rauschen, das im Aderwerk der Erdkruste, im Verkehrsnetz der Völker dröhnend rinnt und hier zusammenströmt, auch im eignen Wesen surren und zittern.

An der Peripherie der Stadt – dort wo sich das Völkerschlachtdenkmal als unvergänglicher Wegweiser für unzeitgemäße Betrachtungen türmt – liegt das immense Gelände der Technischen Messe. Maschine steht neben Maschine: geheimnisvolle Gewächse, heißhungrige Ungeheuer, gefrorene Träume mathematischer Phantastik! Hier lauern sie hündisch gehorsam auf Wort und Hebelgriff winziger Menschen, um für sie die unermesslichen Rohstoffe der Erde zu zerbeißen, zu zerfleischen und in tausenderlei Fertigartikeln auszuspeien, dass sie sich derer bedienen, das Werk zäher, schrittweiser Eroberung fortzusetzen, das der Welt im Großen und der im Kleinen gleichermaßen gilt. – Die Industriekapitäne und die geistigen Pioniere des Kapitals aller Kontinente stauen sich hier, die neuerfundenen Listen zu erfahren, kraft derer die Naturmächte versklavt werden, bis dass sie weiter nichts sind als brave, unbezahlbare und unbezahlte Kulis im Dienste aufrecht schreitender Liliputaner. – Wenn man abends im Automobil an jenem Gelände entlangsaust, sieht man zahllose erleuchtete Fenster der Maschinenhochhäuser in glitzernden Reihen vorübertanzen; Lärm und Licht schwelen hoch, dass es ist, als brodle und koche kilometerweit die Luft und als drohe das Firmament in Flammen aufzugehen.

Auch inmitten der Stadt züngelt riesiger roter Schein zwischen dem dunklen Häusermeer und den gelassen strahlenden Sternen zum Himmel: über dem Bahnhof. An den Dächerfronten schreiben unsichtbare Hände gelb glühend Wort auf Wort und Satz auf Satz. Flugzeuge knattern durch die Nacht und zeigen strahlende Inschriften. Scheinwerfer schleudern ihre weißen Kegelbänder nervös von einem Winkel in den andern. Wie Hunderte kleiner milder Monde, die zur Erde sanken, schweben milchige Bogenlampen über Straßen und Plätzen.

Abgebrochene Rhythmen von Tangos und Jazz, von Shimmys und Bostonwalzern schwingen sich aus den bengalisch funkelnden Fenstern der Cafés und Bars, der Tanzsäle und Hotels. Noch immer wogen und drängen die Menschen in untrennbaren Knäueln straßauf, straßab. Gelächter und Gekicher, staunende Rufe und böse, betrunken heisere Zänkereien, schnell geflüsterte Vieldeutigkeiten und gebrüllte Zynismen mischen sich bunt und toll, werden zu Strudeln, in denen der provinzkeusche Großkrämer und die raffinierte Kokotte, der selbst- und siegessichere Lebemann und das kaum flügge gewordene Lehrmädchen auf Stunden – manchmal für immer – untergehen.

Der Karneval des Kaufmanns! Die Hast der Tage springt mit brennendem Atem in die Nächte hinüber; Dämonen peitschen Geschäft und Vergnügen zu Paaren; Besessenheit fährt in Kopf und Herz; Tempo wird zur Epidemie, der alles verfällt.

»Ach, wie war es doch vordem …«

Vor hundert Jahren etwa war die Zeit noch eine Art Selbstzweck. Man hielt es für wert, in ihr, nicht gegen sie zu leben.

In behäbigen Postkutschen wurden die Herren Biedermeier durch die Lande gerollt, ob sie nun von Lyon oder Mailand, von Nowgorod oder Budapest, von Brüssel oder Krakau, von Perleberg oder Kötzschenbroda kamen. Genfer Uhren, Felle aus dem Ural, Juwelen aus London, Nürnberger Lebkuchen, französische Seiden und Parfüms, Brüssler Spitzen und vieles andre wurde in embonpointartigen Ballen vorsichtig nach Leipzig transportiert, in kühlen gemütvollen Gewölben ausgebreitet und in einer gemilderten Form von Krämerhaftigkeit verschleißt.

Vor den Toren der Stadt, umblüht von lieblichen Gärten, lagen die Vergnügungsplätze: exaktester Flohzirkus und echt neapolitanisches Feuerwerk, undurchdringliche Zauberkünste und dressierte Bären, halbkaukasische Reitertruppen und bezweifelbare Damen ohne Unterleib – oder waren es gar zweifelhafte Damen? – absorbierten das großäugige Interesse der damaligen buntgefrackten Weltbürger.

Es war alles anders …

Es war genau dasselbe …

Reitende Stafette und drahtloses Telegramm, Postkutsche und Aeroplan, Flohzirkus und Achterbahn, Verkaufsmesse und Mustermesse, Wachsfigurenkabinett und Nacktballett –: Die Ideale mögen ein wenig differieren; doch die Hingabe an sie, die Überzeugung von ihrem unüberbietbaren Superlativismus waren und sind gleich intensiv und herzlich. Man soll darüber nicht spotten; es ist eher billig als fein, bedenkliche Notwendigkeiten zu ironisieren.

Aber was heutzutage als gottähnliche Schnelligkeit, als prächtigste Vollkommenheit gilt, kann nicht mehr lange überzeugen. Die

Utopien sind auf dem Eilmarsche in die nahen Bezirke der Wirklichkeit. Schon wurden die ersten Spatenstiche ins Reich der Zukunft getan: Schon existiert ein unterirdisches Messhaus. Unter dem Markt, vor dem alten verehrungswürdig gegiebelten Rathaus aus der Zeit reiner klangvoller Renaissance, dehnt es sich weithin aus; taghell belichtet, von Stapeln mannigfaltiger Ware, vom summenden Geräusch fleißiger und schaulustiger Menschen erfüllt. Der erste unterirdische Rummel- und Bummelplatz in diesem karnevalistischen Treiben! Der zweite wird geschachtet: rasselnde Krane – groß wie Hannibals Elefanten – fressen Stein und Erde, schwenken ihre eisernen Rüssel knirschend empor, und prasselnd stürzt der Schutt in geschwind entrollende Kippwagen; das Erdloch wächst und wächst; ein zweites Haus unter der Stadt wird fertig sein; ein drittes, ein viertes!

Es ist nicht länger nur ein müßiger Traum, für die Zukunft eine Messestadt unter der Erde zu erwarten; mehrere Stockwerke tief; durch Fahrstühle, Untergrundbahnen und Straßen verbunden; durch Cafés und Kinos heiter belebt; durch Postämter und Rasierstuben, Eisverkäufer und Autos zweckdienlich angefüllt.

Unterirdisch und oberirdisch; mit Erfindungen gesegnet, die Raum und Zeit habgierig aufzehren: Was für Karnevale und was für Schlachten stehen späteren Generationen bevor! Späteren, gewiss; ob aber auch glücklicheren und besseren?

Fortschritt und Entwicklung sind Todfeinde …

Das Angebot dient, die Nachfrage zu befriedigen; die Nachfrage dient, das Angebot zu ermöglichen. Der Kaufmann existiert, um das Leben der übrigen Menschen möglichst angenehm zu gestalten; die übrigen Menschen existieren, um das Leben des Kaufmanns tunlichst zu verschönen. Diesen verschlagenen Circulus vitiosus des Daseins zu erkennen, diese herrliche Sinnlosigkeit des Geschehens zu bestaunen, gibt es wenige Gelegenheiten von ähnlich grandioser Wucht und Pracht, wie es die Leipziger Messe ist: jener unvergleichliche Karneval des Kaufmanns, der im tiefsten Grunde mehr ist: ein Karneval der Welt.

Klassenzusammenkunft

Sie trafen sich, wie ehemals,
im 1. Stock des Kneiplokals.
Und waren zehn Jahr älter.
Sie tranken Bier. (Und machten Hupp!)
Und wirkten wie ein Kegelklub.
Und nannten die Gehälter.

Sie saßen da, die Beine breit,
und sprachen von der Jugendzeit
wie Wilde vom Theater.
Sie hatten, wo man hinsah, Bauch,
und Ehefrau'n hatten sie auch,
und fünfe waren Vater.

Sie tranken rüstig Glas auf Glas
und hatten Köpfe bloß aus Spaß
und nur zum Hütetragen.
Sie waren laut und waren wohl
aus einem Guss, doch innen hohl,
und hatten nichts zu sagen.

Sie lobten schließlich, haargenau,
die Körperformen ihrer Frau,
den Busen und dergleichen …
Erst dreißig Jahr, und schon zu spät!
Sie saßen breit und aufgebläht
wie nicht ganz tote Leichen.

Da, gegen Schluss, erhob sich wer
und sagte kurzerhand, dass er
genug von ihnen hätte.
Er wünsche ihnen sehr viel Bart
und hundert Kinder ihrer Art
und gehe jetzt zu Bette.

Den andern war es nicht ganz klar,
warum der Kerl gegangen war.
Sie strichen seinen Namen.
Und machten einen Ausflug aus.
Für Sonntag früh. Ins Jägerhaus.
Doch dieses Mal mit Damen.

Der kleine Herr Stapf

Plötzlich entsann ich mich seiner wieder, als ich im Café eine Provinzzeitung absichtslos durchblätterte. Mit seinem Namen, den ich las, wurde vieles, was endgültig vergessen schien, aufgerufen und forderte nachdenkliches Erinnern.

Brant, der an eine Seelenwanderung glaubte, hatte sicher recht gehabt: Der kleine Herr Stapf war früher einmal ein Zwergrattler gewesen. Auf dem beängstigend dünnen Körperchen saß ein großer, schwerer, runder Kopf, dessen Rückseite an einen Schulglobus herausfordernd erinnerte: Das spärliche weiche Haar, unter dem die Kopfhaut verschiedentlich deutlich hervorschimmerte, ließ an Golfströme und Schifffahrtslinien, an Passatwinde und Meridiane denken. Das Gesicht bestand fast nur aus einer zwergenhaft verwitterten Stirn, unter der sich Augen, Nase und Mund winzig und listig zusammendrängten.

Aus gänzlich unbekannten Gründen war er zu der Ansicht gelangt, dass er außergewöhnlich klug sei, obwohl wir damals – ein Kreis spottlustiger Studenten – nichts unversucht ließen, ihn von der Berechtigung der entgegengesetzten Meinung zu überzeugen. Er besaß die Gabe, jeder Art Ironie und Gelächter mit solch metaphysischer Nachsicht zu begegnen, dass es allmählich zu einem aufreibenden Sport für uns wurde, ihn aus seinem erstaunlich törichten Gleichgewicht zu bringen. Es war ein hoffnungsloses Unterfangen. Denn je mehr er belacht wurde, umso inniger fühlte er sich ge-

schmeichelt. Da somit unsere vergnügliche Absicht zu einer ernst-
haften Leistung wurde, begannen wir den kleinen Herrn Stapf zu
vernachlässigen. Es zeigte sich bald, wie sehr es ihn schmerzte, nicht
länger Gegenstand unserer spöttischen Anteilnahme zu sein. Er begann schon, die drollige Korrektheit seines Anzuges zu ignorieren.
Unausdenkbar traurig hockte er zwischen uns. Und nur solange wir
ihn einem mitunter grausamen oder zumindest geschmacklosen
Hohn aussetzten, leuchtete sein altes Gesicht glücklich auf.

Eigentlich mehr um ihm das erhebende Bewusstsein seiner
hanswursthaften Existenz zu erhalten, als uns selber zu beschäftigen, begannen wir, ihn zum Helden anekdotischer Abenteuer zu
machen. Und es lässt sich kaum veranschaulichen, wie begeistert
er darüber war.

Ein Fall – es mag der erste gewesen sein – ist mir besonders wach
im Gedächtnis. Wir hatten die erste Parkettreihe des Theaters auf-
gekauft. Man gab »Bohème«. Wir hielten die erste Reihe des Hauses
besetzt, waren nicht allzu aufmerksam, sondern beugten uns meist
über die Brüstung und amüsierten uns über die so süße Musik er-
zeugenden, lebhaft bewegten Arme und Finger der Orchestermit-
glieder. Unmittelbar hinter dem Dirigenten, in der Mitte der Reihe,
thronte der kleine Stapf, hielt den Kopf schief geneigt und rückte
manchmal auf seinem Plüschsessel unruhig hin und her.

Während der ersten Akte ging alles gut. Bis die vorgeschriebenen Schneeflocken aus den Soffitten heruntersanken: Das versam-
melte Haus war ergriffen, die Sänger waren in vollem Schwung, das
Orchester blühte, der Kapellmeister gestikulierte in dionysischer
Seligkeit – da erhob sich plötzlich der kleine Herr Stapf, griff has-

tig über die Brüstung hinweg nach dem Taktstock des Dirigenten, bekam ihn zu fassen, drängte sich an uns, die wir bereitwillig Platz machten, vorbei und verschwand hinter der Portiere!

Einige Sekunden war es, als solle das Theater der Schlag treffen: Der bestohlene Herr im Frack wedelte mit den Armen, als habe man ihm die Flügel ausgerissen. Die Musiker lächelten und gönnten ihm die Verwirrung. Die Sänger hielten tonlos den Mund offen. Die Damen in den Logen vergaßen, Pralinen zu essen und mit Papier zu knistern. Hoch oben, vermutlich im letzten Rang, lachte jemand vorlaut – nach diesen Sekunden peinlicher Bestürzung gewannen alle die Fassung zurück, und nach etlichen Takten voller Missakkorde und Pausen begannen die Musik und auch die Stimmung wieder an Puccini zu erinnern.

Nachdem Mimi ihren heißersehnten Muff erhalten hatte und gestorben war, applaudierten wir herzlich und schritten dann feierlich und geschlossenen Zuges die große Freitreppe hinab. An einer vorher bestimmten Straßenecke stand der kleine Stapf, hatte sich in seinen schwarzen Überzieher verkrochen und lächelte. Wir schüttelten ihm die Hand, nannten ihn einen tüchtigen Kerl, klopften ihm auf die Schulter und gestatteten ihm, uns ins Kaffeehaus zu begleiten, wo er den Taktstock zeigen durfte.

Sein Rausch hielt, wie der eines Morphinisten, nicht lange an. Es bedurfte neuer stimulierender Abenteuer. Wir nahmen ihn in unsere Mitte und durchzogen die gegen Mittag äußerst belebte Hauptstraße der Stadt. In dem dunklen Menschenstrom tauchten zuweilen Züge buntbemützter Studenten auf, die ihren vorgeschriebenen Bummel absolvierten. Endlich nahte sich das angesehenste der

Korps – sein Name ist mir entfallen; nennen wir es »Barbaria« – stolz und erhebend. Der kleine Herr Stapf warf uns noch einen Blick zu, um sich Mut zu machen, dann trennte er sich von uns und eilte den »Barbaren« entgegen. Dicht vor deren Anführer blieb er stehen und zog höflich seinen Hut. Die »Barbaren« sahen sich gezwungen, stehen zu bleiben. Wir traten hinzu, Ladnerinnen und junge Damen und andere Neugierige versammelten sich. Eine Hochspannung aus Neugier und Erzürnung begann sich zu bilden. Der kleine Stapf – noch immer mit dem Hut in der Hand – machte eine vollendete Verbeugung und fragte den Anführer laut und weithin verständlich: »Pardon, junger Herr, ich bin hier fremd – können Sie mir sagen, welchem Gymnasium Sie angehören? Ich kenne solche Schülermützen noch nicht.«

Der befragte Herr erbleichte. Die gesamte »Barbaria« erbleichte. Vor stummer Wut. Würden sie den kleinen Stapf zertrümmern? Klein und freundlich stand er vor dem farbigen Studenten, lächelte sanft nach oben und wartete vergeblich auf Antwort. Dann trat er kopfschüttelnd beiseite und sagte zu den Umstehenden: »Sonderbar. So große Menschen wissen nicht einmal, in welche Schule sie gehen!«

Die Zuschauer lachten lauthals. Die »Barbaren« entfernten sich unter vollem Verzicht auf Würde und Anmut, so schnell es irgend ging. Der kleine Stapf verkroch sich hinter uns und schien verwundert, ohne Prügel davongekommen zu sein.

Bald war es mit ihm nicht mehr auszuhalten. Er hatte begriffen, wie man Unfug organisiert. Wo er eines Zuschauers habhaft werden konnte, setzte er sich in Szene, sosehr wir ihn daran zu hindern suchten.

Er blieb auf dem Marktplatz stehen und zwang jedes daherfahrende Auto, wenn es ihn nicht überrennen wollte, anzuhalten. Er trat in den Cafés an entfernte Tische und verwickelte fremde Damen in sinnlose, stockende Gespräche. Er unterbrach Kabarettvorträge dadurch, dass er laut und ununterbrochen nach dem Kellner rief. Er erließ Zeitungsinserate, in deren Verfolg er sich mit einem Dutzend junger Damen gleichzeitig traf, die wie er eine rote Nelke im Knopfloch trugen.

Er schien krank. Seine Wirtin beschwerte sich schließlich beim Vater, dass sein Sohn die Wandbilder an den Fußboden nagele und die Kleider an die frei gewordenen Wandnägel statt in den Schrank hänge; dass er sich in den Schrank setze und über die mangelhafte Beleuchtung lebhaft Klage führe.

Eines Tages kam der alte Herr Stapf und holte seinen seltsamen Sohn nach Hause. Dort begnügte er sich damit, viele Bücher zu lesen und sie nach beendeter Lektüre feierlich im Garten zu begraben. Das Dienstmädchen zwang er, die Grabreden anzuhören. In Briefen, die er uns oft schrieb, teilte er seine neuesten Torheiten mit. Dann hörten wir lange Zeit nichts mehr von ihm. Bis eine Heiratsanzeige eintraf. Der Vater hatte ihm eine Frau besorgt.

Wie zu Anfang schon angedeutet wurde: Ich musste dieser Tage an ihn denken, als ich in der Zeitung seiner Heimatstadt las, der Stadtverordnete Herr Kaufmann Stapf jun. habe sich äußerst warm dafür eingesetzt, dass die Hausnummern – der Übersicht halber – regelmäßig an der rechten Seite der Haustür anzubringen seien.

Nie hätte ich früher erwartet, dass der kleine Herr Stapf noch einmal ein solch nützliches Glied der Gesellschaft werden würde.

Kleine Stadt am Sonntagmorgen

Das Wetter ist recht gut geraten.
Der Kirchturm träumt vom lieben Gott.
Die Stadt riecht ganz und gar nach Braten
und auch ein bisschen nach Kompott.

Am Sonntag darf man lange schlafen.
Die Gassen sind so gut wie leer.
Zwei alte Tanten, die sich trafen,
bestreiten rüstig den Verkehr.

Sie führen wieder mal die alten
Gespräche, denn das hält gesund.
Die Fenster gähnen sanft und halten
sich die Gardinen vor den Mund.

Der neue Herr Provisor lauert
auf sein gestärktes Oberhemd.
Er flucht, weil es so lange dauert.
Man merkt daran: Er ist hier fremd.

Er will den Gottesdienst besuchen,
denn das erheischt die Tradition.
Die Stadt ist klein. Man soll nicht fluchen.
Pauline bringt das Hemd ja schon!

Die Stunden machen kleine Schritte
und heben ihre Füße kaum.
Die Langeweile macht Visite.
Die Tanten flüstern über Dritte.
Und drüben, auf des Marktes Mitte,
schnarcht leise der Kastanienbaum.

Abschied in der Vorstadt

Wenn man fröstelnd unter der Laterne steht,
wo man tausend Male mit ihr stand …
Wenn sie, ängstlich wie ein Kind, ins Dunkel geht,
winkt man lautlos mit der Hand.

Denn man weiß: Man winkt das letzte Mal.
Und an ihrem Gange sieht man, dass sie weint.
War die Straße stets so grau und stets so kahl?
Ach, es fehlt bloß, dass der Vollmond scheint …

Plötzlich denkt man an das Abendbrot
und empfindet dies als gänzlich deplaciert.
Ihre Mutter hat zwei Jahre lang gedroht.
Heute folgt sie nun. Und geht nach Haus. Und friert.

Lust und Trost und Lächeln trägt sie fort.
Und man will sie rufen! Und bleibt stumm.
Und sie geht und wartet auf ein Wort!
Und sie geht und dreht sich nie mehr um …

Duell bei Dresden

Am 28. Oktober 1927 sollte in der Dresdner Heide, nahe der Ullersdorfer Mühle und der großen den Wald schneidenden Chaussee, ein Pistolenduell stattfinden. Die Gegner waren ein Assessor am Landgericht – Kinne mit Namen, vierzigjährig, baumlang – und ein junger Chemiker, namens Graff. Man hatte Freunde mitgebracht und einen Assistenten des Altstädter Krankenhauses, mit dem Graff bekannt war.

An der Kreuzung der Radeberger Chaussee und der Ullersdorfer Landstraße warteten drei Autodroschken. Die Chauffeure spielten Skat und waren angewiesen, neugierige Fragen ausweichend zu beantworten. Es kam aber niemand vorüber, der sie hätte fragen können; kein Forstgehilfe, kein Milchwagen, kein Ausflügler. Die Chauffeure hatten sich Flaschenbier mitgenommen. Finken hüpften über die Autodächer, flogen fort und kamen wieder. Der Himmel wurde langsam ganz hell und glasblau.

Da brachten vier der Herren die Leiche des Chemikers Graff aus dem Walde. Der Arzt begleitete den Trupp. Assessor Kinne, der den Zug beschloss, trug den Waffenkasten und rauchte eine Zigarre. Die Chauffeure sprangen an ihre Wagen. Und wenige Minuten später sausten die Autos stadtwärts ...

Das Duell hatte gar nicht stattgefunden. Graff war, noch während jemand die Distanz abschritt, zusammengebrochen und am Herzschlag gestorben. Der Assessor hatte, als ihm der Arzt den Befund mitteilte, die Hände gerieben, als wasche er sich, und geäußert: Ob so oder so – Herr Graff habe nun also seinen Willen.

Graff gehörte zu den heimlichen Kriegsopfern, die man mitzuzählen vergaß. Dass er zehn Jahre nach dem Kriege starb, ist kein Einwand. Er wurde damals eingezogen, als die alten Feldsoldaten, wenn man sie zum vierten Mal ins Feld schickte, miteinander wetteten, ob sie schon in acht oder erst in vierzehn Tagen wieder zurück wären. Sie verloren unterwegs, gewöhnlich in Brüssel, den Transportführer – irgendeinen kleinen hilflosen Offiziersanwärter –, verkauften die Feldmontur, besuchten armeebekannte Lokale und Mädchen, tauchten schließlich, achselzuckend, wieder im heimatlichen Reservedepot auf und hatten gegen ein paar Wochen Arrest nicht das Geringste einzuwenden.

Damals beschloss die Oberste Heeresleitung den Kinderkreuzzug und holte Graff mit seinen Altersgenossen zum Militär. In langen Kolonnen marschierten sie nach den leeren Kasernen. Ein bisschen Musik war dabei. Und die Mütter blickten aus den Fenstern auf die Schlachtparade hinunter. – Am Nachmittag stülpte man den Jungens verschwitzte Helme über, verpasste ihnen schlotterndes Uniformzeug, und am nächsten Tage begann der Drill. Sie lernten grüßen, stillstehen, Parademarsch, Kniebeugen und was sonst zum Sterben nötig war.

Graff geriet in ein Fußartillerie-Reserveregiment, und mit ihm so viele Schüler und Banklehrlinge, dass eine Einjährigenkompanie formiert werden musste. Die Wahl der Ausbildungsmannschaft besorgte der Kompanieführer, Oberleutnant d.R. Kinne (EK 1). Er wählte vorzüglich. Kein Sergeant war ihm roh genug. Es schien, als hasse er die Kindergesichter und als habe er vor, wie ein Engelmacher dazwischenzufahren. Wenn er, im grünen Friedensrock, die Reihen abschritt, zitterte sein kaiserlich hochgewichster Schnurrbart genießerisch, und wenn die Unteroffiziere nicht gemein genug fluchten, half er, kenntnisreich, nach.

Nachdem er einen Gefreiten (im Zivilberuf Lehrer) hatte an die Front schicken lassen, weil der mit den Erziehungsmaßnahmen in der Kompanie nicht einverstanden gewesen war, kannten die übrigen Gefreiten und Unteroffiziere kein Halten mehr. Sie quälten ihre Konfirmanden wie die Teufel, sie überboten sich im Erfinden von Gemeinheiten und Strafen. Es kam oft genug vor, dass jemand beim Exerzieren oder beim Granatenschleppen zusammenbrach. Nach jeder Typhus- und Choleraimpfung ließ Kinne die Einjährigen zweihundertfünfzig Kniebeugen machen und sah persönlich darauf, dass sie tief und exakt ausgeführt wurden. Einer, der sich beim Hauptmann zum Rapport hatte melden lassen, musste, unter einem Vorwand, drei Stunden lang über den Exerzierplatz rennen und kriechen. Er bekam den Sonnenstich und wurde ins Lazarett eingeliefert.

Wer nicht, in den hohen schweren Stiefeln, vom Querbaum herab, über ihn hinweg, die Hocke wagte – diesen riskanten Sprung durch die Luft, mit hochgerissenen Knien –, wurde offiziell für einen Scheißkerl erklärt. Beim Stalldienst war es streng verboten, anders als mit bloßen Händen auszumisten. Graff hatte, für die Dauer des Reitunterrichts, ein Pferd, das böse war und wie verrückt um sich schlug und biss. Täglich zerfetzte es ihm das Hemd und die Haut, und täglich schleuderte es ihn, mit rasenden Hufschlägen, in die Stallgasse. Einmal traf es ihn so unglücklich, dass er eine halbe Stunde lang wimmernd liegen blieb. Die Unteroffiziere versammelten sich um ihn und rissen Witze. Er bat vergeblich um ein anderes Pferd.

Oberleutnant Kinnes rechte Hand hieß Aurich. Dieser Kerl war, wegen tollkühner Frontleistungen, schon Offizierstellvertreter gewesen, aber wegen unerhörter Rohheitsdelikte degradiert worden. Jetzt war er Sergeant. Abends ließ er sich von den Reichen einladen, nahm Geldgeschenke an, vergalt aber derartige Bestechungen mit doppelter Quälerei.

Graff wurde herzkrank. Beim Strafexerzieren brach er zusammen. Sergeant Aurich befahl dem Gefreiten vom Dienst, den Einjährigen Graff in Arrest zu bringen. Wegen Subordination. Da kroch Graff auf die Knie, zog sich am Karabiner hoch und schleppte sich hinter der Schwarmkolonne her.

Auf dem Heimmarsch, als zu singen befohlen war und Graff, der in der Reihe taumelte, nicht sang, kam Aurich, lächelte lauernd und rief: »Na Graff, wenn du vorhin einen Revolver hattest – hättest du mich übern Haufen geknallt?« Graff riss den Kopf hoch und brüllte, dass die Kameraden erschraken: »Jawohl, Herr Sergeant!«

Am Abend, als er eine Stunde zu Hause war, bekam der Junge einen Weinkrampf. Er warf sich auf dem Bett herum, fuchtelte mit den Armen und schrie fortwährend: »Ich erschieß den Hund! Ich erschieß den Hund! Ich erschieß den Hund!«

Die Mutter stand neben ihm.

Am nächsten Tag brachte sie dem Sergeanten, heimlich, eine

Kiste Zigarren und bat, er möge ihren Jungen schonen. Aurich nahm die Zigarren und lachte.

Graff konnte keine Treppe mehr steigen, ohne Herzkrämpfe und Atemnot zu haben. Er meldete sich vergeblich krank und beantragte, als der Stabsarzt wieder nichts fand, seine Untersuchung durch die Generaluntersuchungskommission. Die Generalärzte schickten ihn vier Wochen auf den Weißen Hirsch ins Lazarett. Als er zur Kompanie zurückkam, war Sergeant Aurich eben ins Feld gerückt. Der Oberleutnant übernahm seine Funktion und brachte es fertig, dass Graff, nach wenigen Tagen, kränker war als je zuvor. Dem war jetzt alles gleich; er hatte jede Furcht vor Bestrafung verloren, war renitent, zeigte seinen Hass ganz offen, und der Oberleutnant war bestrebt, sein Zerstörungswerk trotzdem ungehindert fortzusetzen.

Graff meldete sich erneut zur Generaluntersuchung und wurde zu einem überplanmäßigen Bataillon abgeschoben, wo die Halbtoten der sächsischen Armee aufbewahrt und mit Kartoffelschälen unterhalten wurden.

Bevor Graff die Einjährigenkompanie verließ, hatte er mit dem Oberleutnant ein längeres Gespräch. Er sagte unter anderem: »Sie haben mich wissentlich und mit Vergnügen zugrunde gerichtet. Sie haben uns behandelt, als wären wir Viehzeug. Ich hoffe, Sie nach dem Kriege wiederzusehen.«

Schließlich ging der Krieg zu Ende. Graff kehrte, schwer krank, ins Gymnasium zurück, erledigte die fällige Prüfung, studierte an verschiedenen Hochschulen, erledigte wiederum mehrere Prüfungen, fand eine bescheidene Anstellung bei einem Nahrungsmittelchemiker und war weder in der Lage, seinen Posten, der Gesundheit brauchte, so wie er es gewünscht hätte, auszufüllen, noch, durch einen längeren Urlaub die erforderliche Gesundheit zurückzuerlangen. Mit fünfundzwanzig Jahren war er ein Todeskandidat von der langwierigen Sorte und wusste das. Seine Mutter, mit der er zusammenwohnte, suchte er über die Herzanfälle und die bittre Melancholie lächelnd zu täuschen. Er rauchte nicht und trank keinen Alkohol. Er enthielt sich der Frauen und gab vor, er entbehre sie nicht. Nur wenn er allein war, ließ er sich von seinen Wünschen abwürgen. Dann saß er am Fenster und blickte auf die Straße hinunter und in die fremden Häuser hinüber, als hocke er jenseits der Welt.

Nur zu einer Leidenschaft hatte er noch den Mut, zum Hass! Er übte sich jahrelang im Pistolenschießen – im Garten eines Freundes – und brachte es zu ungewöhnlicher Fertigkeit. Die Schießscheibe, die er sich selber gemalt hatte, einen Offizier im grünen Rock und mit gewichstem Schnurrbart, traf er, auf jede gangbare Distanz, mitten ins Herz. Der Freund, ein Referendar, unterrichtete ihn regelmäßig über Aufenthalt und Lebensführung des Assessors Kinne, den er vom Gericht her kannte. Graff wartete auf die Gelegenheit.

Sie kam. Nach einem der Spaziergänge, die er mit der Mutter durch den Großen Garten zu machen pflegte, stiegen sie – es war an einem der letzten Septembertage – auf eine Straßenbahn. Der Wagen war besetzt, und sie blieben auf der hinteren Plattform stehen. Plötzlich sagte jemand zu ihm: »Wir kennen uns doch?«

Graff zuckte zusammen und blickte den Sprecher an, der, ohne ersichtlichen Grund, an Gesichtsfarbe verlor. Frau Graff fasste ihren

Sohn am Arm. Er riss sich los und sagte zitternd: »Mutter, das ist er!« Und ehe die Umgebung eingreifen konnte, schlug er zu. Assessor Kinne stand regungslos, als habe das Schicksal »Stillgestanden!« kommandiert, und ließ sich ohrfeigen. Und Graff schlug mit beiden Fäusten, lautlos und ernst, als ob er eine dringliche, bestellte Arbeit verrichtete. Seine Mutter zerrte an ihm. Andre griffen ein. Der Schaffner brüllte, brachte den Wagen zum Stehen und stieß Graff auf die Straße. Die Mutter folgte ihm.

Etliche Fahrgäste forderten eifrig die Feststellung der nötigen Personalien Aber Kinne wischte sich das Blut vom Mund und sagte ärgerlich: »Mischen Sie sich nicht in diese Angelegenheit!«

Vier Wochen später fand das Duell statt. Graff hatte die Verzögerung gewünscht, damit seine Mutter keinen Verdacht schöpfe. – Der Ausgang der Affäre ist bekannt. Das Leben des jungen Chemikers reichte zum Vollzug der Rache nicht aus. Doch vielleicht bewahrte ihn das Geschick nur davor, von seinem Peiniger »zu guter Letzt« auch noch erschossen zu werden?

Kennst Du das Land, wo die Kanonen blühn?

Kennst Du das Land, wo die Kanonen blühn?
Du kennst es nicht? Du wirst es kennenlernen!
Dort stehn die Prokuristen stolz und kühn
in den Büros, als wären es Kasernen.

Dort wachsen unterm Schlips Gefreitenknöpfe.
Und unsichtbare Helme trägt man dort.
Gesichter hat man dort, doch keine Köpfe.
Und wer zu Bett geht, pflanzt sich auch schon fort!

Wenn dort ein Vorgesetzter etwas will
– und es ist sein Beruf etwas zu wollen –,
steht der Verstand erst stramm und zweitens still.
Die Augen rechts! Und mit dem Rückgrat rollen!

Die Kinder kommen dort mit kleinen Sporen
und mit gezognem Scheitel auf die Welt.
Dort wird man nicht als Zivilist geboren.
Dort wird befördert, wer die Schnauze hält.

Kennst Du das Land? Es könnte glücklich sein.
Es könnte glücklich sein und glücklich machen!
Dort gibt es Äcker, Kohle, Stahl und Stein
und Fleiß und Kraft und andre schöne Sachen.

Selbst Geist und Güte gibt's dort dann und wann!
Und wahres Heldentum. Doch nicht bei vielen.
Dort steckt ein Kind in jedem zweiten Mann.
Das will mit Bleisoldaten spielen.

Dort reift die Freiheit nicht. Dort bleibt sie grün.
Was man auch baut – es werden stets Kasernen.
Kennst Du das Land, wo die Kanonen blühn?
Du kennst es nicht? Du wirst es kennenlernen!

Hymnus an die Zeit

(Mit einer Kindertrompete zu singen)

Wem Gott ein Amt gibt, raubt er den Verstand.
In Geist ist kein Geschäft. Macht Ausverkauf!
Nehmt euren Kopf und haut ihn an die Wand!
Wenn dort kein Platz ist, setzt ihn wieder auf.

Der Gott, den Arndt das Eisen wachsen ließ,
schuf auch das Blech und ähnliche Metalle.
Vergesst es nie: Ihr seid im Paradies!
Seid hoffnungsvoll. Und meidet die Krawalle.

Macht einen Buckel. Denn die Welt ist rund.
Wir wollen leise miteinander sprechen:
Das Beste ist totaler Knochenschwund.
Das Rückgrat gilt moralisch als Verbrechen.

Nehmt dreimal täglich eine Frau zum Weib.
Pro Jahr ein Kind. Und Urlaub. Sonst die Pflicht.
Das Leben ist ein sanfter Zeitvertreib.
Spuckt euch vorm Spiegel manchmal ins Gesicht.

Nehmt Vorschuss! Lasst euch das Gehalt verdoppeln!
Tagsüber pünktlich; abends manchmal Gäste.
Es braust ein Ruf von Rüdesheim bis Oppeln:
»Der Schlaf vor Mitternacht ist doch der beste!«

Ich möchte einen Schrebergarten haben,
mit einer Laube und nicht allzu klein.
Es ist so schön, Radieschen auszugraben …
Behüt dich Gott, es hat nicht sollen sein!

Goethe als Tenor

Léhars neueste Operette, die eben im Metropoltheater uraufgeführt wurde, heißt *Friederike*. Nach Friederike Brion, der Sesenheimer Pfarrerstochter, welche die Geliebte des Straßburger Studenten und Lizentiaten J. W. Goethe war. Man weiß, welche innere Bedeutung die Bekanntschaft mit diesem Mädchen für Goethe hatte, der sich damals aus der Tradition des Rokoko löste, Shakespeare und Ossian las, das Straßburger Münster hymnisch pries und, zuerst in seiner Lyrik, eine neue, echtere Sprache des Gefühls schuf, die der Ausdruck einer, seiner, Epoche werden sollte. Die Beziehung Goethes zu Friederike, dem deutschen unverbildeten Landmädchen, war eine der unerlässlichen Voraussetzungen zu dem Wandel des Dichters, und ihr galten die ersten und herrlichsten seiner Sturm-und-Drang-Gedichte (z. B. »Es schlug mein Herz! Geschwind zu Pferde!«). Dass er sich später von ihr losriss, war eines jener Opfer, die er seinem Dämon schuldig zu sein glaubte; doch er hat Friederike Brion gegenüber mehr als in ähnlichen Fällen das Bewusstsein persönlicher Verschuldung nie ganz loswerden können. – Der Name Friederike ist so auf schmerzliche Weise eng mit der Entwicklung Goethes und der klassischen Dichtung überhaupt verbunden. Und nun –

Und nun haben ein paar Wiener Librettisten Goethes Gedichte und *Dichtung und Wahrheit* durchgelesen und eine üble kitschige Operette daraus gemacht, damit Léhar wieder einmal komponieren konnte! Und nun haben sie Goethes Gedichte beklaut, hier

paar Verse, da paar Zeilen, und ihre eigenen albernen Texte ange-
hängt!

Und nun stolziert Richard Tauber, rundlich und auf Taille, als
junger Goethe über die Bretter und erlebt, in den höchsten Tönen
seines schmelzenden Tenors, eine Liebesgeschichte, die das Pendant
zu Meyer-Försters *Alt-Heidelberg* bildet! Nun dichtet Tauber, mit der
Gänsefeder in der Hand, Goethes »Sah ein Knab' ein Röslein stehn«;
und weil das den Zuschauern so maßlos gefällt, klatschen sie Da-
kapo; und Goethe (an dessen herrlichem Privatauto, im Theaterhof
unten, »Tauber-Spezial« steht) dichtet das *Heideröslein* drei-, vier-,
fünfmal flott hintereinander weg.

Ja, so ein Einblick in des Dichters charmante Werkstatt macht
Spaß!

Niemand kann etwas dafür, wenn er wie Tauber aussieht. Auch
Tauber selber nicht. Aber unter solchen erschwerenden Umstän-
den Goethe darstellen wollen ist bodenlose Vermessenheit. Tauber
als Goethe ist schlimm. Goethe als Tenor ist noch schlimmer. Und
Goethes Lieder, von fremden Händen verschweinigelt, als Schlager,
wie »Gern hab' ich die Frau'n geküsst«, im 20. Jahrhundert lancieren
zu wollen, ist die allergrößte Gemeinheit.

Käthe Dorsch als Kathi – nein, als Friederike – gibt trotz dem
unsinnigen Rahmen ein menschliches, leidendes und liebendes Geschöpf. Doch das rettet nur sie, und nicht das Übrige.

Die Deutschen haben schon einen ihrer Klassiker von der Operette her populär gemacht: den Franz Schubert im *Dreimäderlhaus.*
Seitdem ist Schubert den weitesten Kreisen bekannt als Komponist
dieser Operette. Nun kommt Goethe an die Reihe und wird sich

überall einprägen als der Fabrikant sangbarer Schlager und als ein Mann, der genau wie Tauber aussieht.

Das Berliner Publikum findet, Goethe habe eine entzückende Stimme. Es findet, seine Verse seien sehr nett und fast so hübsch wie »Was macht der Meyer auf dem Himalaya?«, und freut sich schon jetzt darauf, nach Goethe Tango tanzen zu können. Hoffentlich kommen die Grammophonplatten bald heraus! Jawoll, Fräulein, Joethe is einfach klassisch!

Kleinstädtisches Berlin

Es gibt Dichter, die – weniger aus innerer Nötigung heraus als weil es ihnen zeitgemäß erscheint – die »Großstadt« besingen. Sie bauen lange, kurze und einander parallele Verszeilen, als wären's Straßen; dann fassen sie solche rhythmischen Reihen zu verschiedenen strophischen Stadtvierteln zusammen und beleben ihre papiernen Städte mit dem Geschrei und Geklingel rücksichtsloser Reime. Und zum Schluss werfen sie, diese lyrischen Stadtbauräte, sich selber in den Trubel ihrer poetischen Stadtschaften, wandern auf ungleichen Versfüßen und mit wirrem Haar darin herum und behaupten etwa:

»Zehntausend Frauen streifen mein Gesicht, –
Der Schlund der Stadt verschluckt sie ungestüm!
Die Nacht ist blau und grenzenlos und voller Licht.
Ich aber steh im Dunkel, fremd und anonym ...«

Diese Herrschaften übertreiben maßlos! Sie suchen es sich zu erklären, dass sie so bedauernswert klein und niedlich sind, und schieben es auf die Größe der Großstädte. Sie wollen den Eindruck wecken, eine Großstadt sei ein »ganzheitlicher« Komplex, und irren sich, mindestens. Eine Stadt wie Berlin besteht aus einer Zahl von Städten, deren jede nicht mehr als drei-, vierhunderttausend Einwohner hat: Bayrisches Viertel, Zentrum, Schlesisches Viertel, Wilmersdorf usw. Innerhalb dieser Bezirke kennt man einander genauso wie in Chemnitz oder Brünn: In diesen Bezirken ist man genau so einheimisch wie anderswo: Sie sind lediglich in den Namen »Berlin« eingemeindet, diese Bezirke. »Berlin« existiert – überspitzt formuliert – zwar auf Steuererklärungen und anderem Papier, nicht aber in der Gefühlssphäre der Einwohnerschaft. Der Wilmersdorfer, der ins Zentrum fährt, überschreitet eine imaginäre Grenze: Er unternimmt eine Reise, welcher nichts als die Ausdehnung fehlt.

Nur so ist es erklärlich, dass die Berliner – auch wenn sie niemals fort waren – einen weitgereisten Eindruck machen und sich trotzdem und im Übrigen von anderen Menschen, Bürgern und Beamten nicht unterscheiden. Nur so erklärt es sich auch, dass in Berlin Dinge geschehen, die jeder Kleinstadt zur Ehre gereichten. Auch hier gibt, beispielsweise, spaßhafte Gründlichkeit oft genug saftigen Anlass zu gründlichem Spaß. – So wurden dieser Tage einer ahnungslosen, biedern Frau auf dem Einwohner-Meldeamt Bombenvorwürfe gemacht, weil sie sich nicht umgemeldet habe. »Ich bin ja aber gar nicht umgezogen«, wandte sie ein. Der Beamtete schaltete den dritten Gang ein und schnauzte, nichtsdestoweniger habe sich ihre Adresse verändert! »Das stimmt«, gab sie zu, »trotzdem wohne ich noch im selben Hause. Es ist ein Eckhaus, Herr Sekretär, und da hat man den bisherigen Haupteingang vermauert, und nun müssen wir eben von der anderen Straße her ins Haus.« – Der Beamte sagte, das wisse er alles. – »Ja, aber«, rief die Frau aus, »es ist doch noch dasselbe Haus, und es ist noch dieselbe Wohnung wie immer!« – Dennoch habe sie die Ummeldung versäumt und sich spürbaren Strafen ausgesetzt. Von Glück könne sie reden, solch einen nachsichtigen Beamten getroffen zu haben.

Sollte diese kleine Begebenheit eine Moral haben, so nur die: dass es in Schilda und in Berlin gefährlich ist, Eckhäuser zu bewohnen. Denn hier kann einem nachgewiesen werden, man sei aus- und wieder eingezogen, obwohl man sich nicht aus dem Hause rührte.

Im Westen Berlins und in Wilmersdorf kann man seit kurzem an den Litfaßsäulen einen Anschlag lesen, der allenthalben Verwunderung erregt. Diese westlichen Stadtviertel sind wegen ihres vornehmen cottageartigen Gesamteindrucks beliebt. Die Häuserzeilen stehen blitzsauber da, und die Bewohner wissen über Literatur und Börsentipps ungleich besser Bescheid als über den Unterschied von Tanne und Fichte. Und wenn überhaupt, so kommen hier jene Kinder zur Welt, die der Ansicht sind, der Wagen sei ein Körperteil des Pferdes. – Und in dieser Gegend ist also an den Plakatsäulen zu lesen:

»BEKANNTMACHUNG
Betrifft: Körung von Ziegenböcken
Abweichend von der in den vorhergehenden Jahren angeordneten Vorprüfung der Böcke werden die Körungen in diesem Jahr in den Ställen der Bockhalter vorgenommen. Körpflichtig sind alle Ziegenböcke, welche zum Decken oder Deckversuch fremder Ziegen, sei es unentgeltlich oder gegen Bezahlung, verwendet werden. Bei den vorzuführenden Altböcken sind die Sprungbücher, bei den Jungböcken die Deckscheine vorzulegen. Das Körgeld beträgt 3 Reichsmark. Usw.«

Vor den Anschlagsäulen spielen sich Szenen ab. Kein Mensch weiß, was Körung ist; aber jeder will es wissen. Gute und böse Witze werden gemacht. Ein Wilmersdorfer will sogar das Lexikon (Band »Itzenblitz bis Lemure«) mitgebracht und, unter großem Hallo, der Menge verkündet haben, was Körung sei.

An diesen ländlichen Tatbeständen ändert es nichts, dass gerade die Blumenfrauen, die aus der Umgebung kommen und den Tauentzien beleben helfen, großstädtische Allüren annehmen. Eine dieser ländlichen Frauen hatte ein Schild an ihre Blumenkörbe geklebt, das Propaganda-Erfahrung bewies. Es stand darauf: »Heute letzter Tag großer Wicken-Ausverkauf. 10 Prozent Rabat.«

Festlied für Skat-Turniere

Immer, wenn im Deutschen Reiche
der ersehnte Abend naht,
tut man weit und breit das Gleiche:
Man drischt Skat.

Vor dem Schlafen, nach dem Essen,
in Vereinen und privat,
auf der Bahn und zu Kongressen:
Man drischt Skat.

Kartenmischen, Fingerspreizen,
Bier und Würstchen mit Salat,
Null ouvert und Zahlenreizen:
Man drischt Skat.

Um die Achtel, um die Groschen,
mittels eures Drangs zur Tat
wird in einem fort gedroschen:
Und zwar Skat.

Langsam reifen kühne Pläne.
Mit Geschrei führt ihr sie aus.
Sieben, achte, neune, zehne,
Unter, Ober, König, Daus!

Draußen wackeln die Konzerne.
Und es wackelt schon der Staat!
Doch ihr schweift nicht in die Ferne.
Ihr drescht Skat.

Ach, was habt ihr bloß im Kopfe?
Wasser kocht bei hundert Grad.
Deutschland hallt von dem Geklopfe.
Ihr drescht Skat.

Manchmal knirschen euch die Zähne.
Manchmal rüttelt ihr am Haus.
Doch ihr zählt euch selber aus:
»Sieben, achte, neune, zehne,
Unter, Ober, König, Daus!«

Ausverkauf und Verkehrsregelung

Die Silvesterfeier hat Spuren hinterlassen: Die Vorgärten blühen! Rot, blau, gelb und grün hängen die Papierschlangen in den Sträuchern; sie rollen sich lustig auf den mit Reisig bedeckten Beeten; sie wehen raschelnd aus den Blumenkästen der Balkone; sie ziehen sich in dichten Strähnen durch die toten Äste der Bäume. Die Natur – soweit Berlin über dergleichen verfügt – ist scheinlebendig; und eine solche Art Vorfrühling erheitert auf sentimentale Weise.

Im Übrigen hat die Silvesternacht eine ganz besondere Einsicht hervorgebracht: Sie hat unwiderlegbar bewiesen, dass der Berliner ein absolut ungefährliches Wesen ist. Herr Zörgiebel, der Polizeipräsident, hatte eine »freie Nacht« proklamiert. Polizeistunde gab es keine; und die Polizisten waren angewiesen worden, sich zu benehmen, als wären sie des Publikums gute Freunde. Es war tatsächlich in dieser Nacht nicht das törichteste Vergnügen, der Polizei zuzusehen. So etwas von nachsichtigem Wohlwollen wurde noch nie erlebt! Die Beamten standen, als wären sie der Menschheit ältere, vernünftige Geschwister, in der Menge. Es war eine Nacht mit humanistischen Idealen.

Ursprünglich, so hieß es, hatten die Organisationen der Berufseinbrecher sogar geplant, einen Burgfrieden zu proklamieren. Das mag sich in letzter Minute zerschlagen haben – aber es wurde trotzdem nicht mehr als sonst gestohlen. Und die Statistik – diese Wissenschaft, die das Nachsehen hat – ergab, dass nur zweihundert allzu unruhige Geister auf die Wache transportiert werden mussten. Das ist für eine Silvesternacht in Berlin tatsächlich erschreckend wenig. Sollte der Mensch etwa doch gut sein? Oder immerhin es werden wollen, wenn man ihn höheren Orts nicht schikaniert?

Da eröffnen sich Perspektiven! …

Sogar in Silvesternächten könnten die Staatsmänner manches lernen, wenn sie, à la Harun al Raschid, durch die Straßen gingen. Aber sie saßen wohl zu Hause und komplizierten die einfachen Dinge … Weil der Polizeipräsident es erlaubt hatte, ohne Polizeistunde zu schwärmen, lag gegen fünf Uhr morgens fast alles in der Klappe. Wer nichts verbietet, schafft das Verbotne ab. Man müsste es wirklich einmal versuchen, die Völker nach den modernen Methoden der Kinderpsychologie zu leiten.

Das soll – verehrte Völker – keine Beleidigung sein. […]

Seit dem 2. Januar – und dies vierzehn Tage lang! – müssen die Ehemänner im Restaurant essen. Denn der Inventur-Ausverkauf hat begonnen. In den Warenhäusern geht es, bei niedrigen Preisen, hoch her. Handschuhe für fünfzig Pfennige, Spitzenreste für einen Groschen, Kleider für fünfzehn Mark, Hüte für drei Mark, Krawatten für fünfundneunzig Pfennige – die Frauen wühlen, ein bisschen besessen, in Stoffen und Stapeln. Der Männerwelt nicht achtend, probieren sie Hüftgürtel, Korsetts und Strumpfhalter – überm Kleid, versteht sich – und kaufen, als wäre Inflation.

In einem Geschäft des Nordens wird gar das Lager verauktioniert! »Ein Pariser Modellkleid mit unsichtbarem Defekt – fünf Mark zum Ersten!« – Doch es hilft kein Spotten. Wer in solch einen

Kauftrubel hineingerät, der kauft mit, bis das Portemonnaie leer ist. Ausverkauf steckt an wie Gähnen und Schnupfen.

Das berühmt gewordene Verkehrsproblem stirbt und stirbt nicht. Lang soll es leben! – An den belebtesten Plätzen der Stadt tummeln sich mit Schildern umgebene Menschen und verteilen an ihre Nächsten kostenlose »Verkehrsregeln für Fußgänger«.

»Lieber Fußgänger!«, heißt es da, »liebst du dein Leben und willst du dich deinen Angehörigen erhalten (das soll vermutlich behördliche Ironie sein!), so beachte die Regeln des Straßenverkehrs!« Die Regeln sind ziemlich einfach. Doch das macht nichts. An ihrer Nichtbeachtung ist auch noch keiner gestorben. Denn die Schwierigkeiten entstehen erst, wenn sich der Verkehr gegen den Fußgänger verschwört. Verschwörungen finden, begreiflicherweise, nicht auf den größten Plätzen statt, sondern dort, wo acht Häuser im Kreis stehen und sechs Straßen in den Platz einmünden. Wenn dort aus jeder Straße nur zwei, drei Autos heransausen, dann soll der Verkehrsregelschreiber einmal, bei Glatteis, über den Platz gehen. Friede seiner Asche!

Misanthropologie

Schöne Dinge gibt es dutzendfach.
Aber keines ist so schön wie diese:
eine ausgesprochen grüne Wiese
und paar Meter veilchenblauer Bach.

Und man kneift sich. Doch das ist kein Traum.
Mit der edlen Absicht, sich zu läutern,
kniet man zwischen Blumen, Gras und Kräutern.
Und der Bach schlägt einen Purzelbaum.

Also das, denkt man, ist die Natur?
Man beschließt, in Anbetracht des Schönen,
mit der Welt sich endlich zu versöhnen.
Und ist froh, dass man ins Grüne fuhr.

Doch man bleibt nicht lange so naiv.
Plötzlich tauchen Menschen auf und schreien.
Und schon wieder ist die Welt zum Speien.
Und das Gras legt sich vor Abscheu schief.

Eben war die Landschaft noch so stumm.
Und der Wiesenteppich war so samten.
Und schon trampeln diese gottverdammten
Menschen wie in Sauerkraut herum.

Und man kommt, geschult durch das Erlebnis,
wieder mal zu folgendem Ergebnis:
Diese Menschheit ist nichts weiter als
eine Hautkrankheit des Erdenballs.

Anmerkung: Man sollte die meisten Menschen mit einer
Substanz bestreichen dürfen, die unsichtbar macht.

Die Wirklichkeit als Stoff
Aus der großdeutschen Kunstlehre

Die Zeit zu schildern, ist eure heilige Pflicht.
Erzählt die Taten! Beschreibt die Gesinnungen!
Nur, kränkt die Schornsteinfeger nicht!
Und kränkt die Jäger und Briefträger nicht!
Und kränkt die Neger, Schwäger, Krankenpfleger
und Totschläger nicht!
Sonst beschweren sich die Innungen.

Bescheidene Frage

Ist der Mensch nicht eine Plage?
Und erst recht, wenn man ihn liebt?
Gott, verzeih mir diese Frage!
Tu's auch, wenn es Dich nicht gibt.

Goethe und die Hausbesitzer

Das Wiener Hausbesitzerblatt »Haus und Grundeigentum« teilt, im Hinblick auf die Goethe-Feiern, mit: »Am 22. März 1932 feiert das deutsche Volk das Gedächtnis seines größten Mannes, dessen Todestag sich zum hundertsten Male jährt. Die Hausbesitzer haben einen besonderen Anlass, Goethe zu ehren, ... denn er war doppelter Hausbesitzer.«

Man sieht, es ergeben sich kaum geahnte Möglichkeiten, Goethe zu feiern. Dass er ein Dichter war, bedeutet wenig. Was ist schon ein Dichter gegen einen doppelten Hausbesitzer?

Und damit ja kein »besonderer Anlass« übersehen werde, mache ich noch ein paar Vorschläge: Goethe besaß einen Garten, wo bleiben die Schrebergärtner, den Gartenbesitzer Goethe zu feiern? Goethe trank gern Wein, wo bleiben die Gastwirte? Goethe fuhr Schlittschuh, wo bleiben die Schlittschuhklubs? Er ging nur selten barfuß, wo bleiben die Schuhfabrikanten? Er war verheiratet, wo bleibt der Reichsverband der Ehemänner? Er war kurzbeinig, wo bleibt der Verein der Sitzriesen?

Heraus mit den Interessentengruppen! Die Gelegenheit ist günstig. Hier blamiert euch!

Feiern, die dem Gedächtnis großer Toten gelten, können diesen nichts mehr anhaben; sie dienen nur dazu, die Überlebenden zu enthüllen.

Wenn die Wiener Hausbesitzer Goethes hundertsten Sterbetag

festlich begehen, lernt man zwar nicht Goethe näher kennen, aber die Hausbesitzer.

So lässt sich auch in dieser Beziehung behaupten: Er hat nicht umsonst gelebt.

Der alte gute Bekannte

1

Er missfiel mir auf Anhieb. Das junge Mädchen neben ihm war hübsch. Vielleicht missfiel er mir deshalb.

Ich saß auf meinem Stammplatz. Die zwei saßen am Nebentisch, tranken Kaffee, sagten noch Sie zueinander und redeten demzufolge über Literatur. Plötzlich nannte sie eins meiner Bücher und fragte: »Kennen Sie Erich Kästner?«

»Und ob!«, sagte er. »Sehr gut kenn ich den Erich! Wir sind oft zusammen.«

Ich betrachtete meinen alten guten Bekannten, den ich nie vorher gesehen hatte, und überlegte, ob ich ihn ein bisschen blamieren sollte. Ich hatte einen besonders edlen Tag, Ich schwieg.

2

Da aber ging sie mal hinaus! Sie tat es, obwohl sie noch Sie zueinander sagten. (Früher wäre das nicht möglich gewesen.) Sie sagte: »Augenblick, ich bin gleich wieder da«, und ging hinaus, ein wandelndes Beispiel zunehmender Sittenverrohung.

Jetzt wandte ich mich dem fremden Herrn zu und fragte: »Wie lange kennen wir uns nun eigentlich schon?«

»Fallen Sie mir bitte nicht auf die Nerven!«, sagte er unfreundlich.

»Aber, mein Lieber!«, rief ich. »Ich bin doch dein alter guter Erich! Und mein Familienname ist Kästner.«

»Scheußlich«, sagte er erschrocken. »Da hätten Sie mich schön reinlegen können. Sind Sie mir böse?« Ich schüttelte den Kopf. »Es gibt junge Mädchen, bei denen so was wirkt«, erklärte er achselzuckend.

»Sie Don Juan«, sagte ich höflich und holte mir eine Zeitung.

3

Dann kam das junge Mädchen zurückgewandelt. Und das Gespräch der beiden nahm seinen Fortgang. Sie äußerte ihre Ansichten über Alfred Döblin. Den kannte mein Bekannter nicht persönlich, um mich nicht zu reizen.

Da aber eilte der Kellner an meinen Tisch und äußerte laut und deutlich: »Herr Erich Kästner, Sie werden am Telefon verlangt!«

Das junge Mädchen drehte sich um, sah mich an, wurde rot, blickte zu ihrem Begleiter, wurde blass und sagte: »Herr Ober, ich zahle!«

Ich musste ans Telefon. Ich ging gern.

4

Als ich wiederkam, saß mein alter guter Bekannter allein in seiner Ecke und haderte beträchtlich mit dem Schicksal.

»Pech«, murmelte ich teilnahmsvoll.

Er musterte mich böse, stand auf, nahm Hut und Mantel und verließ das Lokal. Der Kellner bemerkte es zu spät. »Der Kerl hat nicht bezahlt«, rief er.

»Schreiben Sie's auf meine Rechnung«, sagte ich. »Der Kerl war ein alter guter Bekannter von mir.«

Umzug der Klubsessel

Einen Tafelwagen traf ich heute,
und er war mit Möbeln vollgestellt.
Die Besitzer schienen solche Leute,
denen nur das Teuerste gefällt.

Schwere Gäule zogen schwere Stühle,
Tisch und Schränke, und der Kutscher pfiff.
Und der Wagen kroch durch das Gewühle
wie ein altes, havariertes Schiff.

In zwei Ledersesseln, auf dem Karren,
saßen zwei sehr müde Möbelräumer.
In den Händen hielten sie Zigarren,
und die Köpfe hielten sie wie Träumer.

Sicher träumten sie: sie wären Grafen,
und sie führen zum Vergnügen aus …
Doch da hielt der Wagen, und die braven
alten Herrn bugsierten wie die Sklaven
fremde Möbel in ein fremdes Haus.

Wohltätigkeit

Ihm war so scheußlich mild zumute.
Er konnte sich fast nicht verstehn.
Er war entschlossen, eine gute
und schöne Handlung zu begehn.

Das mochte an den Bäumen liegen.
Und an dem Schatten, den er warf.
Er hätte mögen Kinder kriegen,
obwohl ein Mann das gar nicht darf.

Der Abend ging der Nacht entgegen.
Und aus den Gärten kam es kühl.
Er litt, und wusste nicht weswegen,
an einer Art von Mitgefühl.

Da sah er einen, der am Zaune
versteckt und ohne Mantel stand.
Dem drückte er, in Geberlaune,
zehn Pfennig mitten in die Hand.

Er fühlte sich enorm gehoben,
als er darauf von dannen schritt,
und blickte anspruchsvoll nach oben,
als hoffe er, Gott schreibe mit …

Jedoch der Mann, dem er den Groschen
verehrte, wollte nichts in bar.
Und hat ihn fürchterlich verdroschen!
Warum? Weil er kein Bettler war.

*Anmerkung: Der Wohltätigkeit, heißt es, seien
keine Schranken gesetzt? Welcher Irrtum!*

Der Unterrock ist im Anzug

Aus England dringt die Kunde zu uns, dass der Unterrock im Anmarsch ist. Vorläufig schämt er sich noch seiner Wiedergeburt und tritt, von Spitzen duftig unterbrochen, auf. Aber wir werden gut tun, an dem kompakten Wesen der Neuerung nicht zu zweifeln. Wir haben in der letzten Zeit modische Requisiten auferstehen sehen, die wir längst im Sarge der Kulturgeschichte begraben glaubten: das lange Kleid, die Schleppe, sogar das Korsett meldeten sich von der Reise zurück; und die »praktische Kleidung« der Frau, deren Schönheit noch vor kurzem lebhaft gepriesen wurde, ist verurteilt, am Vormittag und beim Tennisspielen eine bescheidene Rolle zu spielen.

Die Befreiung des weiblichen Körpers war eine Episode. Man hält es nicht für möglich, aber es ist trotzdem so. Und nun klopft auch noch der Unterrock, sozusagen, an die Tür! Vor mehr als einem Jahr schrieb ich in einer gereimten Glosse:

»Das wäre also der neue Stil:
immer jung, immer kurz, immer schlank?
Doch schon wird der Frau das Zuwenig zu viel.
Es war nicht ihr Ernst, sondern wieder nur Spiel!
Und sie spuckt in den Kleiderschrank.«

Inzwischen haben sich modischerseits (und auch sonst) schreckliche Dinge begeben, und wer heute einen Saal »modern« gekleideter Frauen sieht, kippt aus den Pantinen und schlägt mit dem Schädel an der Jahrhundertwende auf. Die »moderne« Frau hat sich freiwillig ins vorige Jahrhundert zurückbegeben. Mit der Mode hat's begonnen, und die anderen kulturellen Errungenschaften werden ebenso gern und ebenso leicht aufgegeben werden.

Denn das ist das Ausschlaggebende: Die Reaktion der Mode ist nur der kleinste Teil einer freiwillig beschlossenen kulturellen Gesamtreaktion. Lernet-Holenia versuchte es neulich, am willkürlichen Länger- und Kürzerwerden der k. und k. österreichischen Offiziersmäntel nachzuweisen, dass die Frauenmoden sinnlos wechselten und keinem tieferen Gesetz unterlägen. Das ist offensichtlich unrichtig! Die Veränderungen der Kleidung, welche die Frau ver- und enthüllt, sind wirklich etwas grundsätzlich anderes als die Variationen von Soldatenmänteln mit Sternchen!

Nein, es steht außer Frage: Der nahende Unterrock ist wiederum ein Anzeichen für die von der »Gesellschaft« beschlossene und erwünschte kulturelle Reaktion. Die nächste Mode wird: das Brett vorm Kopf. Und auch die Mode werden die meisten mitmachen. Wohl bekomm's!

In Harburg da ist es gewesen …

Als Kind hab ich immer geglaubt:
*Ham*burg an der Elbe
und *Har*burg sei ein und dasselbe.
Kindern ist so was erlaubt …

Doch jetzt hat es in *Har*burg gebrannt.
Der Brand hat vieles vernichtet.
Die Zeitung hat vieles berichtet.
Seitdem ist *Har*burg bekannt.

In *Ham*burg hat man geglaubt,
dass Hilfe nötig wär.
Doch die *Har*burger Feuerwehr,
die hat das nicht erlaubt.

Die *Har*burger kamen in Trab
und sperrten die Brandstätte ab.
Sie ließen keinen ran
und murmelten dann und wann:

»Ihr tut mit eurer Feuerwehr,
als ob das Feuer euer wär!
Doch das ist ein *Har*burger Feuer,
Und deshalb ist es nicht euer!«

Die *Har*burger Hauptfeuerwache
wird an die Spritzen schreiben:
»Deutsch sein, heißt eine Sache
um ihrer selbst willen treiben!«

Und des Einheitsstaates wegen
habt keine Hoffnung mehr!
Die *Har*burger Feuerwehr
ist, wie wir sehen, viel zu sehr dagegen.

Gefilmtes Elend

Der radikale Schriftsteller Leo Lania hat, im Auftrage des Volksverbandes für Filmkunst in Gemeinschaft mit dem Theater am Schiffbauerdamm, im Januar 1929 einen Film hergestellt, der die Notlage im Waldenburger Kohlengebiet darstellen will und *Hunger in Waldenburg* heißt. Der neun Stunden am Tage unter Tage arbeitende Kohlenhäuer verdient in diesem Stein-Krisenrevier pro Monat netto 100 Mark. Nach Abzug der Miete bleibt ihm und seiner Familie nur noch übrig, zu hungern. Einmal in der Woche gibt es Fleisch. Brot ist fast ein Leckerbissen. »Entweder nimmt es der Mann in die Grube mit oder die Kinder zur Schule. Für beide reicht es nicht«, lautet die wahrheitsgemäße Äußerung einer Arbeiterfrau. 31 Prozent aller Kinder sind vollständig krank; 21 Prozent besitzen keinen Mantel, 24 Prozent ein einziges Paar Strümpfe; 6 Prozent sind ohne jedes warme Mittagessen.

Piel Jutzi, Lanias Kameramann, hat dieses kaum ausdenkbare Elend im Film festgehalten. Der Anblick dieser maßlos verhungerten Männer und Frauen und ihrer unterernährten, greisenhaft aussehenden Kinder zieht einem – und das ist keine Metapher – die Haare hoch. Fast jede Familie hat nur einen Raum, in dem alle (6–10 Personen) schlafen und wohnen. Die Nässe dringt durch die Wände, und über den Flecken hängen fromme Sprüche und Bilder; denn diese Menschen schämen sich noch ihrer Not ... Wer die Miete nicht pünktlich zahlt, wird auf die Straße geworfen. Die Witwe eines Bergarbeiters hat 65 Mark Rente und sieben Kinder; 12 Mark kostet die Miete.

So sieht es im Waldenburger Kohlenrevier aus. Und so wurde es verfilmt. Man sitzt davor, vergisst zu schlucken und wagt kaum zu atmen, und mit trockener Kehle, und betroffen wie ein Dieb, geht man fort. Es sind Sammlungen im Gange; Stiftungen werden gemacht. Hoffentlich hilft der Film sein Teil. Sehr weitreichend ist seine Wirkung nicht. Das Publikum scheut sich vor dem praktischen Ernste des Themas und läuft lieber in Spielfilme. Der soziale Einschlag wird nur goutiert, sobald es sich um russische Einfuhrfilme handelt. Das soziale Gewissen will nicht geweckt sein. Es will nur träumen. Und dazu eignen sich geographisch und historisch fern liegende Sujets. Hunger in Sibirien – mit Vergnügen! Hunger im Mittelalter – wundervoll! Aber: Hunger in Schlesien, im Januar 1929 – ach, bitte nicht!

So ist auch Leo Lanias Konzession völlig vertan und überflüssig: aus der Reportage ein Drama, aus dem Bericht eine Komposition zu machen. Er hat die Waldenburger Arbeiter ein bisschen Theater spielen lassen und eine familiäre Spielhandlung eingebaut, ohne damit zu nützen. Es ist zwar erstaunlich, wie ergreifend diese filmfremden Proletarier ihr Schicksal zu dramatisieren verstehen. Man sieht zwar völlig überrascht, wie leicht es wäre, auch bei uns »Russenfilme« zu kurbeln. Aber die pure, echte Reportage wäre stärker geraten. […]

Vorstadtstraßen

Mit solchen Straßen bin ich gut bekannt.
Sie fangen an, als wären sie zu Ende.
Trinkt Magermilch! steht groß an einer Wand,
als ob sich das hier nicht von selbst verstände.

Es riecht nach Fisch, Kartoffeln und Benzin.
In diesen Straßen dürfte niemand wohnen.
Ein Fenster schielt durch schräge Jalousien.
Und welke Blumen blühn auf den Balkonen.

Die Häuser bilden Tag und Nacht Spalier
und haben keine weitern Interessen.
Seit hundert Jahren warten sie nun hier.
Auf wen sie warten, haben sie vergessen.

Die Nacht fällt wie ein großes altes Tuch,
von Licht durchlöchert, auf die grauen Mauern.
Ein paar Laternen gehen zu Besuch,
und vor den Kellern sieht man Katzen kauern.

Die Häuser sind so traurig und so krank,
weil sie die Armut auf den Straßen trafen.
Aus einem Hof dringt ganz von ferne Zank.
Dann decken sich die Fenster zu und schlafen.

So sieht die Welt in tausend Städten aus!
Und keiner weiß, wohin die Straßen zielen.
An jeder zweiten Ecke steht ein Haus,
in dem sie Skat und Pianola spielen.

Ein Mann mit Sorgen geigt aus dritter Hand.
Ein Tisch fällt um. Die Wirtin holt den Besen.
Trinkt Magermilch! steht groß an einer Wand.
Doch in der Nacht kann das ja niemand lesen.

Herbst, vom Zug aus

Breslau. Dann Glogau. Richtung Berlin.
Es tut mal gut, aus dem Fenster zu schaun.
Neusalz. Die Oder. Ein Kornmagazin.
Ein Damm. Eine Mühle. Die Felder sind braun.

Mäßiger Regen. Der Wald ist blass.
Grünberg. Hier baut man immer noch Wein?
Waggons voll Kartoffeln. Die Wege sind nass.
Fahrkarten, bitte! Ein Herr schläft ein.

Kinder winken. Die Schule ist aus.
Ein Tennisplätzchen. Rüben. Kraut.
Drei Kühe. Ein abgebranntes Haus.
Ein kleiner See hat Gänsehaut.

Der Herbst ist da. Und die Welt wird bunt.
Vielleicht vor lauter Traurigkeit?
Man nimmt den Herbst zur Kenntnis und
passt glänzend in die Jahreszeit.

Dem Nachbarn rutscht die Zeitung aufs Knie.
Man liest »Ein neuer Bestechungsverdacht ...
Schon wieder tödliche Autopartie ...
In München hat einer Gold gemacht ...

Ein Rechtsanwalt wirft sich vor den Zug ...
Flucht eines einflussreichen Bankiers ...«
Man liest nicht weiter. Man hat genug.
Es wird schon kühl in den Coupés.

Man schläft. Und wacht hinter Erkner auf.
Es ist immer noch Herbst und immer noch kalt.
Die Bäume machen Ausverkauf
und verschleudern die bunten Blätter im Wald.

Schon Rahnsdorf. Wuhlheide. Berlin geht los.
Mit Häuserblocks und Fensterreihn.
Man nimmt den Koffer. Ein Ruck. Ein Stoß!
Der Zug läuft pünktlich ein.

Elegie nach allen Seiten

Die bunten Astern winken durch die Gitter.
Die Gärten schminken sich. Das Jahr ist alt.
Der Herbst stimmt nur die Optimisten bitter.
Normale Menschen lässt er kalt.

Die Blätter an den Bäumen kann man zählen.
An manchen Zweigen schaukeln nur noch drei.
Der Wind wird kommen und auch diese stehlen.
Er stiehlt und findet nichts dabei.

Ein blinder Mann verkauft verwelkte Rosen.
Er kann nicht sehen, wie verwelkt sie sind.
Auf einer Bank, umringt von Arbeitslosen,
sitzt singend ein vergnügtes Kind.

Im Pflaster zittern Pfützen aus der Frühe.
Das Himmelblau ist wieder repariert.
Die Sonne scheint. Sie gibt sich große Mühe.
Man merkt die Absicht, und man friert.

Ein alter Mann, welcher vorüberwandelt,
spricht mit sich selber wie ein Wiederkäuer.
Es klingt, als ob er mit dem Tod verhandelt.
Wahrscheinlich ist der Sarg zu teuer.

Die Blätter flattern wie die Schmetterlinge.
Die Straße glüht und leuchtet und verfällt.
Der Herbst beschert uns den Verfall der Dinge
und dieses Mal auch den Verfall der Welt.

Das ist ein Jahr, da möchte alles sterben!
Die Welt verliert das Laub und den Verstand.
Der Winter und die Dummheit sind die Erben.
Und was sich Hoffnung nannte, wird verbrannt.

Vom andern Straßenufer wehen Lieder.
Das ist die Heilsarmee. Man singt zu sechst.
Die Blätter wachsen eines Tages wieder.
Doch ob auch die Vernunft von neuem wächst?

Brief aus Paris, anno 1935

An Waltraud Gräfin Rassow,
Potsdam, Heerstr. 8.

Paris, 12. Juni 1935

Liebes Weib!

Seit gestern Mittag also in Paris. Nachmittags verabredungsgemäß
Wright von Armstrong-Vickers getroffen. Denk Dir, kennen uns
längst! Brachte einst englische Waffenlieferung nach Allenstein! Ich
damals Sturmführer auf den Gütern. Zeit vergeht. Erkannten uns
auf der Stelle.

Ideell natürlich einig. Vorherrschaft germanischer Rasse auch
sein Ziel und das der Firma. Dreht sich nur noch um Preis. Sagte,
hätte zu unsrer nationalen Regierung kein rechtes Vertrauen. Seit
Hitler von Schulze-Naumburg gestürzt, gingen keine Gelder mehr
ein. »Ihr Diktator Schulze-Naumburg«, sagte er, – aber das erzähl
ich Dir, wenn wieder in Potsdam.

Mallaczek (Skoda) auch in Paris. Bestimmt kein Zufall. Wright
scheint uns schrauben zu wollen. Mal sehen, was M. kostet. Sehr
teuer sieht er nicht aus. Andrerseits, diese Heimlichkeiten reichlich
ekelhaft. Schneider-Greusot längst stutzig. Offene ehrliche Feld-
schlacht, das schon eher. Mit verhängten Zügeln und so. Na, kommt
Zeit, kommt Rat. Armstrong-Vickers müssen liefern. Hier alles fertig zum Losschlagen. Denkt keiner dran, Saargebiet herzugeben

oder Abstimmung durchzuführen. Sei keine Muss-Bestimmung, Bande!

Oberst Bannermann-Leverkusen hökert mit Malcolm. (I. G. Farben, englische Gruppe.) Giftkomment ausknobeln. Angst vor eigner Apotheke. Humanität und Verwandtes. Aber auch nur Geldfrage. General h. c. Schulze-Naumburgs Devise: Krieg als Arbeitsbeschaffung, – Wright und Malcolm sehr gelacht.

Mit Botschaft telefoniert. Sind reisefertig. Koffer gepackt. Niederwerfung des Hamburger Arbeiteraufstandes durch Nationalgarde hat Quai d'Orsay sehr verstimmt. Soll viel Geld hineingesteckt haben. Versteht nicht, wieso deutsche Arbeiter auf deutsche Arbeiter schießen. Abstoßend rationales Denken hierorts.

Abends mit Bannermann gebummelt. Mit Taxi Montparnasse. Komischer Chauffeur. Deutscher. Ehemaliger Schriftsteller. Arzt auch. Döblin oder ähnlich. Seinerzeit, bei Machtübernahme, ausgewiesen worden. Entsinne mich dunkel an Prozess. Evangelische Kirche gegen Pazifisten oder so. Fünf der Kerls verknackt. Rest über die Grenze. Gastgeschenk an Erbfeind.

Besagter Döblin, miserabler Chauffeur übrigens, brachte uns in deutsches Lokal. Emigranten en gros. Bewirtschaftet von Gebrüder Mann. Der eine hinter der Theke. Thomas Vorname, Nobelpreisdiplom überm Ofen. Bruder im Cutaway. Quasi Empfangschef. Ganz gute Manieren. So wie seinerzeit russische Großfürsten in Berlin. Natürlich nur näherungsweise.

Deutsche Kellnerinnen-Bedienung. Auch Literatur. Gewisse Marieluise Fleißer beispielsweise. Ein Herr Mehring sang deutsche Chansons. »Deutsch« ist übertrieben. Sammelte anschließend per

Mütze. Oberst Bannermann wollte randalieren. Begreiflich, aber nicht opportun. Hielt ihn mühsam zurück. Apropos, gewisser Mühsam sang auch. Schandschnauzen, die Kerle, Hammelbeine mal gehörig langziehen sehr am Platze, leider keine Gelegenheit.

Gehörten kaserniert und gedrillt, bis Intellekt durch die Rippen geschwitzt! Zweihundert Kniebeugen bei vierzig Grad Celsius, Geburt des Patriotismus bloße Zeitfrage. Wetten, dass?

Der eine Wirt, Thomas, sprach: Goethe und Weltbürgertum. Spaß! Goethe drei Jahre Militärdienst, hätte sich Weltbürgerei anders überlegt.

Ganzer Laden voll Idealisten. Individualismus offensichtlich Art Gehirngrippe. Bannermann doch nicht mehr zu halten. Wurde von Garderobier, namens Toller, rabiater Bursche, rausgebracht. Kein Trinkgeld gegeben. Strafe muss sein.

Fuhren noch Negerball. Tolle Kerle. Hochklassiges Soldatenmaterial. Sudanneger. Chauffeur Döblin bestellte Glas Milch. Bannermann blau wie Strandkanone. Hielt Negern Vorträge über Phosgen. Chauffeur ausgerückt. Keine Disziplin. Hält Kopf für Hauptsache.

Süße, wissen, dass nein. Oder? Gut geschlafen ohne? Schluss. Wright wartet. Gegenbesuch. Wünscht dringlich, reingelegt zu werden. Kuss. Baldmöglichst Potsdam. Scharf geladen.

Dein Bodo

P. S.: Habe Eisenbahn neusten Hanns Heinz Ewers gelesen. Heißt: »Alraune wird Soldat«. Fabelhaft!

Dummheit zu Pferde

In Dresden haben, Gott sei's geklagt,
die deutschen Kavalleristen getagt.
Sie haben getagt. Sie haben genächtigt.
Sie taten sehr existenzberechtigt.
Sie trabten in Horden,
sie trabten in Herden,
mit klappernden Orden,
auf klappernden Pferden.
In Anwesenheit eines Feldmarschalles
sangen sie: »Deutschland über alles«.
Die Pferde hielten vorzüglich Schritt
und sangen vor lauter Begeisterung mit.

Es glühten, im Widerschein solcher Späße,
die abgehärtetsten Reitergesäße.
Man sah gepanzerte Kürassiere,
gemeine Leute und hohe Tiere
und blaue Ulanen
mit wehenden Fahnen
und rote Husaren
mit langen Fanfaren,
und anlässlich dieses Maskenballes
sangen sie: »Deutschland über alles«.

Die Esel dachten auf ihren Pferden:
Durchs Reiten wird es schon besser werden.

Sie strahlten und ritten, die Beine breit,
retour in die deutsche Vergangenheit.
Sie blähten, ganz wie die Gäule, die Nüstern
und überhörten den Wind und sein Flüstern:
»Heute Spaß,
morgen Gas,
übermorgen
Würmerfraß!«
Stolz zogen sie über Stock und Stein,
ein reitender Männergesangverein.
Ein Nervenarzt, schon ziemlich alt,
sprach: »Marsch mit den Kerls in die Irrenanstalt!«

Genesis der Niedertracht

Eines merkt man stündlich und täglich:
Kinder sind hübsch und offen und gut,
aber Erwachsene sind unerträglich.
Manchmal nimmt uns das allen Mut.

Böse und hässliche alte Leute
waren als Kinder fast tadellos.
Nette und reizende Kinder von heute
werden später kleinlich und groß.

Wie ist das möglich? Was soll das heißen?
Sind denn auch die Kinder nur echt,
wenn sie den Fliegen die Flügel ausreißen?
Sind denn auch schon die Kinder schlecht?

Jeder Charakter ist durch zwei teilbar,
da Gut und Böse beisammen sind.
Doch die Bosheit ist unheilbar,
und die Güte stirbt als Kind.

Die Nacht der Scherben

Als ich am 10. November 1938, morgens gegen drei Uhr, in einem Taxi den Berliner Tauentzien hinauffuhr, hörte ich zu beiden Seiten der Straße Glas klirren. Es klang, als würden Dutzende von Waggons voller Glas umgekippt. Ich blickte aus dem Taxi und sah, links wie rechts, vor etwa jedem fünften Haus einen Mann stehen, der, mächtig ausholend, mit einer langen Eisenstange ein Schaufenster einschlug. War das besorgt, schritt er gemessen zum nächsten Laden und widmete sich, mit gelassener Kraft, dessen noch intakten Scheiben.

Außer diesen Männern, die schwarze Breeches, Reitstiefel und Ziviljacketts trugen, war weit und breit kein Mensch zu entdecken. Das Taxi bog in den Kurfürstendamm ein. Auch hier standen in regelmäßigen Abständen Männer und schlugen mit langen Stangen »jüdische« Schaufenster ein. Jeder schien etwa fünf bis zehn Häuser als Pensum zu haben. Glaskaskaden stürzten berstend aufs Pflaster. Es klang, als bestünde die ganze Stadt aus nichts wie krachendem Glas. Es war eine Fahrt wie quer durch den Traum eines Wahnsinnigen.

Zwischen Uhland- und Knesebeckstraße ließ ich halten, öffnete die Wagentür und setzte gerade den rechten Fuß auf die Erde, als sich ein Mann vom nächsten Baum löste und leise und energisch zu mir sagte: »Nicht aussteigen! Auf der Stelle weiterfahren!« Es war ein Mann in Hut und Mantel. »Na hören Sie mal«, begann ich, »ich werde doch wohl noch …« »Nein«, unterbrach er drohend. »Aussteigen ist verboten! Machen Sie, dass Sie sofort weiterkommen!« Er stieß mich in den Wagen zurück, gab dem Chauffeur einen Wink, schlug die Tür zu, und der Chauffeur gehorchte. Weiter ging es durch die gespenstische »Nacht der Scherben«.

An der Wilmersdorfer Straße ließ ich wieder halten. Wieder kam ein Mann in Zivil leise auf uns zu. »Polizei! Weiterfahren! Wird's bald?«

Am Nachmittag stand in den Blättern, dass die kochende Volksseele, infolge der behördlichen Geduld mit den jüdischen Geschäften, spontan zur Selbsthilfe gegriffen habe.

Was war geschehen? Die Regierung hatte ein gemeines Verbrechen angeordnet. Die Polizei hatte die kommandierten Verbrecher während der Tat geschützt. Sie hätte jeden braven Bürger, der die Ausführung des Verbrechens zu hindern gesucht hätte, festgenommen. Und am nächsten Tag log die Regierung das Verbrechen in eine überraschende Volksaktion um.

Die gepriesene »Umwertung aller Werte« war Wirklichkeit geworden. In diesem Fall und in Millionen anderer Fälle. Und der Umkehrung der Werte entsprach die geplante und tausendfach erzielte Umkehrung des menschlichen und staatsbürgerlichen Gewissens. Ein Staat hatte es sich zur Aufgabe gemacht, das dem Menschen eingeborene Gewissen und Rechtsempfinden innerhalb der Landesgrenzen radikal auszurotten. Wer ein schlechter Kerl war oder wurde, konnte es weit bringen. Wer auf die Stimme in seinem Innern hörte, kam vor Gericht und wurde als Verbrecher – als »Staatsfeind« – verurteilt. Mörder regierten. Hehler waren Polizist. Lumpen sprachen Recht. Und das Gewissen saß auf der Anklagebank. Gut und Böse, unwandelbare Maßstäbe des menschlichen Herzens, wurden durch Gesetz und Verordnung ausgetauscht. Der Milchhändler, der einem unterernährten »artfremden« Kind eine Flasche Milch zusteckte, wurde eingesperrt, und die Frau, die ihn angezeigt hatte, bekam das Verdienstkreuz. Wer unschuldige Menschen umbrachte, wurde befördert. Wer seine menschliche oder christliche Meinung sagte, wurde geköpft oder gehängt. Ein Mann, der vor 1933 Polizeioffizier gewesen war, wurde wegen achtbarer Handlungen in seinem ehemaligen Büro von einem Menschen streng verhört, der ihm damals im gleichen Zimmer als gemeiner Verbrecher gegenübergesessen hatte. Jetzt saß nur eben der andere hinter dem gleichen Schreibtisch. Schauspieler, die eine widerliche Denunziantin auf der Straße nicht mehr gegrüßt hatten, wurden zu Staatsrat Hinkel befohlen, der ihnen scharfe Strafen androhte, wenn sie die Dame weiterhin »schnitten«. Wer einen unschuldig Verfolgten verbarg, musste um sein und seiner Familie Leben zittern. Als man mich einmal in der Bankfiliale, wo ich seit Jahren gut bekannt war, verhaftete, duckten sich die Buchhalter und Kassierer über Bücher und Geldbündel, damit man ihre verstörten und ratlosen Gesichter nicht etwa sähe. Wer mein Freund blieb, war selber gefährdet. Wer sich abwandte, konnte ungestört Karriere machen. Der Lehrer, der den Schülern gegenüber bewusst log, blieb im Amt und avancierte zum Schulratshelfer. Wer die Kinder nicht anlügen wollte, flog auf die Straße.

Hier, auf dem Gebiete des Gewissens und Charakters, lag der

furchtbarste, der unheimlichste Fluch jener zwölf Jahre. Die Männer an der Macht und ihre Partei erstrebten systematisch die größte, teuflischste Seelenverderbnis aller Zeiten. Das Gewissen vieler, die nicht besser oder schlechter waren als andere Menschen auf der Welt, wurde ratlos. Was war Schuld, was Unschuld? Was Recht, was Unrecht? Der untrüglich die rechte Richtung weisende Kompass im Herzen des Einzelnen wurde durch einen aus der Hölle heruntergestürzten riesigen Magnetstein irritiert und täglich mehr und mehr außer Kraft gesetzt. Man lebte immer weniger mit seinem Gewissen im Einklang. Viele wurden unsicher und schwach. Viele rannten, nur um dem Inferno in der eigenen Brust zu entfliehen, die alten Wahrheiten wie Beschwörungen hinausschreiend, ins Verderben und unter den Galgen.

Die Ratlosigkeit des Gewissens, das war das Schlimmste. Die Ausweglosigkeit aus dem morastigen Labyrinth, in das der Staat ein Volk hineingetrieben hatte und an dessen Ausgängen die Henker standen. Wer es nicht erlebt hat, wer nicht verzweifelnd in diesem Labyrinth herumgeirrt ist, der hat es zu leicht, den ersten Stein auf dieses Volk zu werfen.

Inschrift auf einem sächsisch-preußischen Grenzstein

Wer hier vorübergeht, verweile!
Hier läuft ein unsichtbarer Wall.
Deutschland zerfällt in viele Teile.
Das Substantivum heißt: Zerfall.

Was wir hier stehngelassen haben,
das ist ein Grabstein, dass ihr's wisst!
Hier liegt ein Teil des Hunds begraben,
auf den ein Volk gekommen ist.

Anmerkung: Solche Grenzsteine gibt es.
Die Inschrift ist natürlich nur ein Vorschlag.

Notwendige Antwort auf überflüssige Fragen

Ich bin ein Deutscher aus Dresden in Sachsen.
Mich lässt die Heimat nicht fort.
Ich bin wie ein Baum, der – in Deutschland gewachsen –
wenn's sein muss, in Deutschland verdorrt.

Die letzte Musterung

Nachdem der Herr Hauptmann, stolz wie ein Bürgergeneral, markige Worte an die Versammlung gerichtet hatte, begann er, mit Hilfe seiner Kompanieschreiber, organisatorischen Schwung zu entwickeln. Dieser Schwung und der subalterne Übereifer hundert besserer Herren in den besten Jahren ergab ein Schauspiel, an das ich gern zurückdenke. Es war ein Militärschwank in Maßanzügen. Die Männer drängten sich, wie sonst nur Frauen beim Inventurausverkauf.

»Wer von Ihnen hat im Büro oder im Geschäft Telefon?«, rief der Hauptmann. Und schon flogen ein paar Dutzend Hände in die Luft. »Wer hat zu Hause Telefon?« Weiteres Händehoch. Der Hauptmann schien nicht unzufrieden zu sein. »Nun geben Sie gut acht!«, rief er. »Wer sowohl zu Hause als auch im Betrieb Telefon hat, tritt dorthin!« Er zeigte in die äußerste linke Ecke der Turnhalle, und schon jagten die glücklichen Besitzer zweier Telefone in die befohlene Richtung. »Wer nur im Betrieb Telefon hat, dahin!« Er wies auf ein großes Fenster, und unter lautem Getrappel bildete sich im Hui die zweite Gruppe. »Und wer nur zu Hause Telefon hat, hierher!« Die dritte Gruppe stand. »Danke!«, erklärte der Hauptmann. Warum er sich für Telefone interessierte, erklärte er später. Zunächst einmal zückten seine Schreiber Papier und Bleistift und begannen, die Namen, Adressen und Telefonnummern zu notieren.

»Telefone sind wichtig«, sagte der Hauptmann, während die Listen angelegt wurden. »Die Sirenen können ausfallen. Der Sender kann getroffen werden. Dann müssen wir Meldungen und Befehle per Telefon durchsagen, und Sie geben sie weiter. Näheres erfahren Sie übermorgen. Hier und zur gleichen Zeit wie heute. Verstanden?« »Jawohl, Herr Hauptmann!«, rief der Chor. – Nun erinnerte sich der tatkräftige Mann jener bedauernswerten Anwesenden, die kein Telefon besaßen, geschweige zwei Telefone, und fragte uns, wer wenigstens ein Fahrrad sein Eigen nenne. So entstand eine vierte Gruppe, und auch sie wurde von einem Schreiber protokollarisch erfasst. »Falls Meldefahrer nötig werden sollten«, bemerkte der Hauptmann und schritt zur Gruppe der beneidenswerten Doppeltelefonbesitzer. »Wer von Ihnen war im Ersten Weltkrieg aktiver Offizier? Niemand? Wer von Ihnen war Reserveoffizier? Bitte, hierher, Herr Kamerad! Danke. Wer war Feldwebel oder Unteroffizier? Dorthin!« Er sortierte. Die Schreiber schrieben. Alle außer mir und vier anderen, die kein Telefon und kein Fahrrad hatten, waren bis über die Ohren beschäftigt. – Wir fünf Habenichtse schlenderten zum ramponierten Konzertflügel, der neben den Kletterstangen stand, boten einander Zigaretten an, gaben uns Feuer und rauchten. Einer war einarmig, schlenkerte den leeren Ärmel und brummte grimmig: »Verdun!« Sein Nebenmann meinte: »Eigentlich eine Frechheit, alte Krieger so dumm auszufragen! Natürlich hab ich Telefon!« Und der Dritte sagte grinsend: »Es ist wie die Sache mit der Zahnbürste. ›Haben Sie eine Zahnbürste, Einjähriger? Ja? Dann putzen Sie mal die Latrine!‹« Nach fünf Anstandsminuten gingen wir, ohne dass es jemand bemerkt hätte, nach Hause. (Immerhin erhielt ich später eine amtliche Postkarte, dass ich nunmehr zum Volkssturm gehöre, allerdings zu dessen letztem Aufgebot.)

Wiedersehen mit Dresden

Das, was man früher unter Dresden verstand, existiert nicht mehr. Man geht hindurch, als liefe man im Traum durch Sodom und Gomorrha. Durch den Traum fahren mitunter klingelnde Straßenbahnen. In dieser Steinwüste hat kein Mensch etwas zu suchen, er muss sie höchstens durchqueren. Von einem Ufer des Lebens zum andern. Vom Nürnberger Platz weit hinter dem Hauptbahnhof bis zum Albertplatz in der Neustadt steht kein Haus mehr. Das ist ein Fußmarsch von etwa vierzig Minuten. Rechtwinklig zu dieser Strecke, parallel zur Elbe, dauert die Wüstenwanderung fast das Doppelte. Fünfzehn Quadratkilometer Stadt sind abgemäht und fortgeweht. Wer den Saumpfad entlangläuft, der früher einmal in der ganzen Welt unter dem Namen »Prager Straße« berühmt war, erschrickt vor seinen eigenen Schritten. Kilometerweit kann er um sich blicken. Er sieht Hügel und Täler aus Schutt und Steinen. Eine verstaubte Ziegellandschaft. Gleich vereinzelten, in der Steppe verstreuten Bäumen stechen hier und dort bizarre Hausecken und dünne Kamine in die Luft. Die schmalen Gassen, deren gegenüberliegende Häuser ineinandergestürzt sind, als seien sie sich im Tod in die Arme gesunken, hat man durch Ziegelbarrieren abgesperrt.

Wie von einem Zyklon an Land geschleuderte Wracks riesenhafter Dampfer liegen zerborstene Kirchen umher. Die ausgebrannten Türme der Kreuz- und der Hofkirche, des Rathauses und des Schlosses sehen aus wie gekappte Masten. Der goldene Herkules über dem dürren Stahlgerippe des Rathaushelms erinnert an eine Galionsfigur, die, seltsamerweise und reif zur Legende, den feurigen Taifun, dem Himmel am nächsten, überstand. Die steinernen Wanten und Planken der gestrandeten Kolosse sind im Gluthauch des Orkans wie Blei geschmolzen und gefrittet. Was sonst ganze geologische Zeitalter braucht, nämlich Gestein zu verwandeln – das hat hier eine einzige Nacht zuwege gebracht.

An den Rändern der stundenweiten Wüste beginnen dann jene Stadtgebiete, deren Trümmer noch ein wenig Leben und Atmen erlauben. Hier sieht es aus wie in anderen zerstörten Städten auch. Doch noch in den Villenvierteln am Großen Garten ist jedes, aber auch jedes Haus ausgebrannt. Sogar das Palais und die Kavalierhäuschen mitten im Park mussten sterben. Als Student hatte ich manchmal von Ruhm und Ehre geträumt. Der Bürgermeister war im Traume vor mich hingetreten und hatte dem wackeren Sohne der Stadt so ein kleines, einstöckiges, verwunschenes Barockhäuschen auf Lebenszeiten als Wohnung angeboten. Vom Fenster aus hätte ich dann auf den Teich und die Schwäne geschaut, auf die Eichhörnchen und auf die unvergleichlichen Blumenrabatten. Die Blaumeisen wären zu mir ins Zimmer geflogen, um mit mir zu frühstücken ...

Ach, die Träume der Jugend! Im abgelassenen Teich wuchert das Unkraut. Die Schwäne sind wie die Träume verflogen. Sogar die einsame Bank im stillsten Parkwinkel, auf der man zu zweit saß und zu dem über den Wipfeln schwimmenden Monde hinaufsah, sogar die alte Bank liegt halb verschmort im wilden Gras ...

Ich lief einen Tag lang kreuz und quer durch die Stadt, hinter meinen Erinnerungen her. Die Schule? Ausgebrannt ... Das Seminar mit den grauen Internatsjahren? Eine leere Fassade … Die Dreikönigs-kirche, in der ich getauft und konfirmiert wurde? In deren Bäume die Stare im Herbst, von Übungsflügen erschöpft, wie schrille, schwarze Wolken herabfielen? Der Turm steht wie ein Riesenbleistift im Leeren … Das Japanische Palais, in dessen Bibliotheksräumen ich als Doktorand büffelte? Zerstört … Die Frauenkirche, der alte Wunderbau, wo ich manchmal Motetten mitsang? Ein paar klägliche Mauerreste … Die Oper? Der Europäische Hof? Das Alberttheater? Kreutzkamm mit den duftenden Weihnachtsstollen? Das Hotel Bellevue? Der Zwinger? Das Heimatmuseum? Und die anderen Erinnerungsstätten, die nur mir etwas bedeutet hätten? Vorbei. Vorbei. […]

Die vielen Kasernen sind natürlich stehengeblieben! Die Pionierkaserne, in der das Ersatzbataillon lag. Die andere, wo wir das Reiten lernten und als Achtzehnjährige, zum Gaudium der Ritt- und Wachtmeister, ohne Gäule, auf Schusters Rappen, »zu einem – rrrechts brecht ab!« traben, galoppieren und durchparieren mussten. Das Linckesche Bad, wo wir, am Elbufer, mit vorsintflutlichen Fünfzehnzentimeterhaubitzen exerzierten. Die Tonhalle, wo uns Sergeant Waurich quälte. Hätte stattdessen nicht die Frauenkirche leben bleiben können? Oder das Dinglingerhaus am Jüdenhof? Oder das Coselpalais? Oder wenigstens einer der früheren Renaissance-Erker in der Schlossstraße? Nein. Es mussten die Kasernen sein! Eine der schönsten Städte der Welt wurde von einer längst besiegten Horde und ihren gewissenlosen militärischen Lakaien unverteidigt dem modernen Materialkrieg ausgeliefert. In einer Nacht wurde die Stadt vom Erdboden vertilgt. Nur die Kasernen, Gott sei Dank, die blieben heil!

Das Lied vom Warten

Eine Frau mit einem selbstgemalten Plakat steht an der Rampe. Auf dem Plakat klebt eine Fotografie. Außerdem steht, mit einer Feldpostnummer, groß »Hans Maier« darauf. Hintergrundprospekt: Bahnhofshalle mit heimkehrenden Kriegsgefangenen.

I
Zwei Jahre wird's in diesem Mai,
da war der Totentanz vorbei,
da starb das große Sterben.
Wir traten vor das halbe Haus
und sahen nur: Der Krieg war aus.
Und sahen nichts als Scherben.

Doch auf dem Rest vom Kirchturm sang
die Amsel voller Überschwang,
und der Flieder, der blühte im Garten.
Die Bäume rauschten bis ins Blut.
Die Hoffnung sprach: »Es werde gut!
Geduld, mein Herz, Geduld, mein Herz,
dein bisschen Glück muss warten!«

Zwei Jahre werden es im Mai.
Mein Mann, der ist gefangen.
Er ist gefangen, ich bin frei.
Die Hoffnung ging an uns vorbei.
Die Hoffnung ist vergangen.

*Die Frau hebt ihr Plakat hoch und bringt das Folgende rezitativisch
(laut):*

Schaut her, Kameraden meines Mannes.
Wer kann Auskunft geben
über den Gefreiten Hans Maier,
Maier mit a i,
wer kann Auskunft geben über meinen Hans?
Bitte, kommt näher, und lest das Schild.
Ich habe es selber gemalt, und unten rechts,
das ist er, das ist sein letztes Bild!
War jemand mit ihm im Lager? Wo kommt ihr her?
Aus Russland? Aus Frankreich? Erkennt ihn wer?
Er ist mein Mann, und ich brauch ihn so sehr.
Lacht mich nicht aus,
oder meinetwegen lacht hinter mir her!

Ich steh und wart,
dass sich das Schicksal mein erbarme.
Schickt ihn doch heim.
Schickt ihn doch endlich heim in meine Arme!

2

Die gleiche bleiche Wartequal
hockt wie ein Geier überall
und hält uns in den Klauen.
Im Dunst der Stadt, im fernsten Tal, –
ganz Deutschland ist ein Wartesaal
mit Millionen Frauen.

Die Amsel schluchzt, die Blumen blühn,
das Korn wird gelb, die Stare ziehn,
und der Winter rupft Federn im Garten.
Ein Mond wird schmal, ein andrer naht,
und rings ums Herz starrt Stacheldraht.
Geduld, mein Herz! Geduld, mein Schmerz!
Wir leben nicht, – wir *warten!*

Wir warten stumm,
dass sich die Welt unser erbarme.
Schickt sie doch heim.
Schickt sie doch endlich heim in unsre Arme!

Reisebilder aus Deutschland

In Brandenburg an der Havel hielt ein Personenzug, den nur Brueghel hätte malen können. Doch zu seiner Zeit gab es keine überfüllten Eisenbahnen, und heute gibt's keinen Brueghel. Es ist nicht immer alles beisammen ... Die Trittbretter, die Puffer und die an den Waggons entlangführenden Laufstege waren mit traurigen Gestalten besät, und oben auf den Wagendächern hockten, dicht aneinandergepresst, nicht weniger Fahrgäste als unten in den Coupés. Von dem Zug, den wir sahen, war nichts zu sehen, – er war mit Menschen paniert!

Sie saßen, hingen, standen, klammerten sich an, blinzelten apathisch in die Nachmittagssonne, dachten nicht an Kurven und Tunnels, sondern nur an ihre Rucksäcke mit den paar Pfunden gehamsterter Kartoffeln und an die Gesichter daheim. War's nicht früher einmal verboten gewesen, sich während der Fahrt aus dem Fenster zu beugen? Und jetzt kauerten alte Frauen und magere Kinder zu Hunderten, ohne Halt und Lehne, auf den rußverschmierten Dächern wie auf einstöckigen, geländerlosen Omnibussen. Nun war es niemandem mehr untersagt, sich das Genick zu brechen. Der Staatsbürger war dabei, sich neue Freiheiten zu erobern, wenn auch nicht gleich die richtigen ... Eine Frau, die eingekeilt auf dem schmalen Laufsteg stand, schnallte sich sorgfältig mit einem Lederriemen an einem Eisenbügel fest, der früher einmal den Zugschaffnern während der Fahrt als Haltegriff gedient hatte. Sie tat's mit der sachkundigen Nüchternheit einer alten Artistin, die im Begriff ist, ohne Netz am Trapez zu arbeiten.

Als der Zug anruckte, gab's eine Schrecksekunde. Dann glitt wieder der alte Gleichmut über die blassen Mienen. Die Lokomotive spie Ruß und Rauch, und langsam schob sich die Wagenkette wie ein mit tausend kleinen Fliegen gesprenkelter, halbtoter Wurm durch den märkischen Sand. Noch auf den Puffern des letzten Waggons balancierten zwei alte Männer und hielten ihre Rucksäcke krampfhaft umklammert. »Die neueste Art Kartoffelpuffer«, sagte jemand neben mir und versuchte zu lachen. Der Versuch misslang. [...]

Der noch immer unterbrochene Kontakt zwischen den Bewohnern der verschiedenen Zonen hat zu einer fortschreitenden, nein, zu einer galoppierenden Entfremdung innerhalb Deutschlands geführt. Die wenigen, die gelegentlich in andere Landesviertel reisen dürfen, übernehmen damit ein Amt. Sie kommen als regionale Botschafter. Sie haben die moralische Mission, idiotische Gerüchte auszuräuchern, Missverständnisse aufzuklären, Klatschsucht und Offenheit nicht zu verwechseln und Behelfsbrücken zu schlagen, auf denen der gute Wille ungehindert passieren kann.

Die falschen Vorstellungen, in denen sich hier wie da kindliche Gemüter schaukeln, entstammen, möchte man glauben, zuweilen geradenwegs alten Märchenbüchern. Sehr erheiternd wirkt besonders das pompöse Bild, das man sich in der Ostzone, aber auch in Berlin, von der Ernährungslage in Bayern zu machen pflegt. Dieses Bild sieht, ein bisschen karikiert, etwa so aus: Allmorgendlich, noch am Bett, werden die Alt- und Neubürger Bayerns von launig jodelnden Metzgerburschen und reschen Bäckermadeln heimgesucht, mit warmem Leberkäs, blütenweißen Semmerln und sahniger Vollmilch bis an die Rachenmandeln vollgestopft und dann, unter Absingung deftiger Schnadahüpfl, zur Arbeitsstätte begleitet. Mittags fallen in den Hauptverkehrsstraßen muskulöse Sendboten des Landwirtschaftsministeriums über besonders dürre Zugereiste her und zwingen die Erstaunten unter sanften Knüffen und Püffen, knusprige Schweinshaxen und schmalzgeschwenktes Kraut hinunterzuwürgen. Wer der Staatsgewalt Widerstand leistet, kriegt einen Strafzettel. Gläubige Vegetarier werden, nach dem dritten Verweis, in die Schweiz abgeschoben. (Nicht nach Sibirien, wie fälschlich in den Zeitungen gestanden haben soll.) Abends und nachts spannen sich mit Lampions und Weißwürsteln, Salzstangerln und Gselchtem behangene Girlanden in den Alleen. Unter den Bogenlampen sind Fässer mit Starkbier aufgebockt. Und schmunzelnd hinter seinem Bart verborgen wandelt, Harun al Raschid gleich, der Kultusminister durch die schwatzende und schmatzende Menge. Sechs in Weiß gekleidete Schulrätinnen folgen ihm und halten Rohrstöcke wie Liktorenbündel im Arm. Nur ausnehmend Widerspenstige, die trotz frömmstem Zureden nicht essen noch trinken wollen, müssen sich kurz bücken ...

Nein, liebe Freunde in Nord und Ost, – ganz so üppig geht's in München und Umgebung nun doch nicht zu! Wir bekommen im Monat sechshundert Gramm Rindfleisch, Schweinernes haben wir seit langem nicht gesehen. Beim Fleischer nicht und beim Schwarzen Mann auch nicht. Das Bier ist so schwach, dass es nicht aus dem

Fass kann. Wein und Schnaps gibt es hierzulande weniger denn anderswo. Was könnte euch noch interessieren? Zwiebeln kriegt man nicht. Obst kriegt man nicht. An Brot werden dem bayerischen Erdenbürger wöchentlich zwei Pfund (1000 g) zugeteilt. Es hat, trotz der rühmenswerten Lieferungen von Übersee, keinen rechten Sinn, neiderfüllt in unsere Töpfe zu blicken. [...]

Die innerdeutsche Entfremdung [...] stellt sich am sinnfälligsten im »Zonendeutschtum« dar. Hierbei handelt es sich um eine moderne Krähwinkelei, nicht weniger blamabel als die früheren Spielarten lokalpatriotischer Herkunft. Man ist zunächst einmal anglophil, russophil, frankophil, je nach der ortsansässigen Besatzung, und betreibt diese Philisterei, vor allem unterm Gesichtspunkt der Abgrenzung und Selbstgenügsamkeit, mit kindischer Leidenschaft. Dadurch werden die internationalen Spannungen auf deutschem Boden erhöht statt reduziert. Es geht zu wie bei einem Tauziehen, wo sich die Kleinen, die eigentlich noch gar nicht mitspielen sollen, strampelnd und krähend an die Seilzipfel und an die Hosenbeine der Großen hängen. Es ist immer das alte Lied: Entweder wollen wir die Welt erobern oder zwischen Garmisch und Partenkirchen Grenzpfähle errichten. Uns auf normale Weise als Volk zu empfinden, liegt uns nicht besonders. Es wäre zu natürlich. Der gesunde Menschenverstand war noch nie unsere Stärke.

Frühling auf Vorschuss

Im Grünen ist's noch gar nicht grün.
Das Gras steht ungekämmt im Wald,
als sei es tausend Jahre alt.
Hier also, denkt man, sollen bald
die Glockenblumen blühn?

Die Blätter sind im Dienst ergraut
und rascheln dort und rascheln hier,
als raschle Butterbrotpapier.
Der Wind spielt überm Wald Klavier,
mal leise und mal laut.

Doch wer das Leben kennt, der kennt's.
Und sicher wird's in diesem Jahr
so, wie's in andern Jahren war.
Im Walde sitzt ein Ehepaar
und wartet auf den Lenz.

Man soll die beiden drum nicht schelten.
Sie lieben eben die Natur
und sitzen gern in Wald und Flur.
Man kann's ganz gut verstehen, nur:
Sie werden sich erkälten!

Das Goethe-Derby

Die Bleistifte sind messerscharf gespitzt. Die Federhalter haben frisch getankt. Die neuen Farbbänder zittern vor Ungeduld. Die Schreibmaschinen scharren nervös mit den Hufen. Die deutsche Kultur und die umliegenden Dörfer halten den Atem an. Es kann sich nur noch um Sekunden handeln. Da! Endlich ertönt der Startschuss! Die Federn sausen übers Papier. Die Finger jagen über die Tasten. Die Rotationsmaschinen gehen in die erste Kurve. Die Mikrophone beginnen zu glühen. Ein noch gut erhaltener Festredner bricht plötzlich zusammen. Das Rennen des Jahres hat begonnen: das Goethe-Derby über die klassische 200-Jahr-Strecke! Das olympische Flachrennen! Ein schier unübersehbares, ein Riesenfeld! (Hinweis für den Setzer: Vorsicht! Nicht Rieselfeld!) Ein Riesenfeld! Was da nicht alles mitläuft!

»Goethe und der Durchstich der Landengen«, »Faust II, Law und die Emission von Banknoten«, »Klopstock, Goethe und der Schlittschuhsport«, »Weimar und der historische Materialismus«, »Erwirb ihn, um ihn zu besitzen«, »Das Genie und die zyklische Pubertät«, »Goethe und die Bekämpfung der Kleidermotten«, »Die abgerundetste Persönlichkeit aller Zeiten«, »Sesenheim, ein Nationalheiligtum«, »Goethe und die Leipziger Messe«, »Goethe als Christ«, »Goethe als Atheist«, »Goethe als Junggeselle«, »War Johann Wolfgang ein schwererziehbares Kind?«, »Goethe und der Sozialismus«, »Goethe und der Monopolkapitalismus«, »Goethe auf Carossas Spu-

ren«, »Ist Oberst Textor, USA, ein Nachkomme von Goethes Groß-
vater Textor?«, »Goethe und die doppelte Buchführung«, »Goethes
Abneigung gegen Hunde auf der Bühne«, »Von Lotte in Wetzlar
zu Lotte in Weimar«, »Goethe und die Feuerwehr«, »Goethe und
der Zwischenkiefer«, »Wo stünde Goethe heute?«, »Voilà c'est un
homme!«, »Spinozas Einfluss auf Goethes Pantheismus«, »Genie
und Kurzbeinigkeit«, »Vom Mütterchen die Frohnatur«, »Goethe
als Weltbürger Nr. 1«, »Faust als ...«, »Cotta und Göschen über ...«,
»Newtons Farbenlehre und ...«, »Tiefurt zur Zeit ...«, »Die Freimau-
rerei und ihr Einfluss auf ...«, »Goethe in ...«, »Goethe mitnach-
nächstnebstsamtbeiseit ...«

Es dürfte ziemlich schrecklich werden. Keiner wird sich lumpen
lassen wollen, kein Redakteur, kein Philologe, kein Pastor, kein Phi-
losoph, kein Dichter, kein Rektor, kein Bürgermeister und kein Par-
teiredner. Seine Permanenz, der Geheimrat Goethe! In Göttingen
verfilmen sie den Faust. In München verfilmen sie den Werther. Von
allen Kalenderblättern dringt seine Weisheit auf uns ein. Kaufen Sie
die herrlichen Goethe-Goldorangen! Skifahrer benutzen die unver-
wüstlichen Berlichingen-Fausthandschuhe! Davids Goethe-Büste
für den gebildeten Haushalt! Der Goethebüstenhalter, Marke Frau
von Stein, in jedem Fachgeschäft erhältlich! O Mädchen, mein Mädchen, die Schallplatte des Jahres! Goethe-Tropfen erhalten Sie bis ins
hohe Alter jung und elastisch!

Sind diese Befürchtungen übertrieben? Von der falschen Feier-
lichkeit bis zur echten Geschmacklosigkeit wird alles am Lager sein,
und wir werden prompt beliefert werden. Am Ende des Jubiläums-
jahres – wenn uns bei dem Wort »Goethe« Gesichtszuckungen be-   143

fallen werden – wollen wir's uns wieder sagen. Die Schuld trifft das Vorhaben. Goethe, wie er's verdiente, zu feiern, mögen ein einziger Tag oder auch ein ganzes Leben zu kurz sein. Ein Jahr aber ist zu viel.

Traurigkeit, die jeder kennt

Man weiß von vornherein, wie es verläuft.
Vor morgen früh wird man bestimmt nicht munter.
Und wenn man sich auch noch so sehr besäuft:
die Bitterkeit, die spült man nicht hinunter.

Die Trauer kommt und geht ganz ohne Grund.
Und angefüllt ist man mit nichts als Leere.
Man ist nicht krank. Und ist auch nicht gesund.
Es ist, als ob die Seele unwohl wäre.

Man will allein sein. Und auch wieder nicht.
Man hebt die Hand und möchte sich verprügeln.
Vorm Spiegel denkt man: »Das ist dein Gesicht?«
Ach, solche Falten kann kein Schneider bügeln!

Vielleicht hat man sich das Gemüt verrenkt?
Die Sterne ähneln plötzlich Sommersprossen.
Man ist nicht krank. Man fühlt sich nur gekränkt.
Und hält, was es auch sei, für ausgeschlossen.

Man möchte fort und findet kein Versteck.
Es wäre denn, man ließe sich begraben.
Wohin man blickt, entsteht ein dunkler Fleck.
Man möchte tot sein. Oder Gründe haben.

Man weiß, die Trauer ist sehr bald behoben.
Sie schwand noch jedes Mal, sooft sie kam.
Mal ist man unten, und mal ist man oben.
Die Seelen werden immer wieder zahm.

Der eine nickt und sagt: »So ist das Leben.«
Der andre schüttelt seinen Kopf und weint.
Wer traurig ist, sei's ohne Widerstreben!
Soll das ein Trost sein? So war's nicht gemeint.

Hausmittel und Außerhausmittel

»Man kann sich selber manchmal gar nicht leiden und möchte sich vor Wut den Rücken drehn.« Dieser Satz, den ich vor einem Vierteljahrhundert zu Papier brachte, dürfte an Gültigkeit kaum eingebüßt haben. Allgemeinplätze sind unverwüstlich wie Manchesterhosen. Am ärgsten und fatalsten pflegt uns jene akute Selbstabneigung zu quälen, deren Anlass sich, trotz gründlicher Expeditionen ins eigne Innenleben, unserm Bewusstsein hartnäckig verbirgt. Es ist, als habe man Zahnschmerzen, deren Existenzberechtigung ja ebenso wenig einzusehen ist. Nun kann man sich natürlich, um das Zahnweh zu vergessen, eine Zehe abhacken. Doch wer griffe gerne zu so einschneidenden Methoden? Wir leben in einem verzärtelten Jahrhundert und sind homöopathischer gesonnen. Wir ziehen Betäubungsmittel vor. Der Schmerz mag getrost bleiben, wenn er nur nicht mehr schmerzt.

Solche Anästhetika gibt es auch für seelisches Zahn- und Bauchweh. Die meisten Rezepte sind bekannt. Man gehe, beispielsweise, zu Bett und lasse sich links liegen. Man nehme eine Flasche Cognac und deklassiere sie so rasch wie möglich zur Cognacflasche. Oder man werfe eine kostbare Vase schwungvoll in einen echten Renoir an der Wand. Es kann auch ein Matisse sein. Nur muss sich's um Eigenbesitz handeln. Sonst wirkt der Wurf nicht. Außer diesen und anderen Hausmitteln gibt es dann noch die sogenannten Außerhausmittel. So kann man etwa den schon erwähnten Cognac auch in einem Lokal trinken und auch woanders schlafen. Trinkt man die Flasche Cognac vorher, so übernachtet man am besten auf der Polizeiwache. Trinkt man ihn hinterher – doch wozu ins Detail gehen! Das ist umso weniger notwendig, als es ein Außerhausmittel anzupreisen gilt, das nicht so bekannt ist. Obwohl es beträchtliche Vorzüge besitzt. So entbehrt es des Zuges ins Rabiate. Es ist billiger. Es lindert nicht durch einen Schock, sondern schrittweise. Buchstäblich schrittweise. Das Rezept lautet: Man gehe dorthin, wo vielerlei zu sehen ist, und sehe sich um!

Also zwei Tätigkeiten sind erforderlich, die mehr oder weniger gleichzeitig ausgeführt werden müssen, und ein möglichst farbiger, vielerlei bietender Schauplatz. Man gehe und sehe sich um. Der Zirkus wäre, von seiner Vielfalt her, nicht ungeeignet. Aber es ist verboten, während der Vorstellung umherzugehen. Im Zoologischen Garten darf man das. Doch die Vielfalt ist einseitig, sie umfasst nur Tiere. Geeigneter sind technische Messen und Kochausstellungen. Besonders, weil sie im Mannigfachen auch Neues zu bieten haben. So sagte neulich ein Vertreter, der ein elektrisches Gemüsezerkleinerungsgerät vorführte, zu der staunenden Volksmenge: »Die wenigsten Menschen wissen überhaupt, wie gesund alles ist!« Derartige Kernsätze wirken auf Niedergedrückte außerordentlich wohltätig. Oder, als ich eine Woche später einen Jahrmarkt konsultierte, las ich, auf einem handgemalten Schild, wie ein kleiner Antiquar sein Stammgeschäft nennt: »Der Bücherwurm am Ostfriedhof«. Mir wurde gleich wohler.

Da man nun seine Anfälle akuter Selbstabneigung nicht immer

mit Messe- und Ausstellungsterminen abstimmen kann, bliebe das Rezept zuweilen, besonders in kleineren, ausstellungsarmen Ortschaften, unanwendbar, gäbe es nicht, auch in Städten mit weniger als hunderttausend Insassen, jene etwas derangierten Straßen voller schmalbrüstiger Schaufenster, worin, mit bunten Schildchen erläutert, zahllose Sorten verkäuflicher und unverkäuflicher Waren angepriesen werden. Wer eine solche Straße kennt, kann sich deshalb sein Quäntchen Kummer, ohne an Termine gebunden zu sein, jederzeit leisten. In jedem Laden liegt ein kleiner Trost bereit, Augentrost. Denn, man darf nichts kaufen wollen! Man muss in Schopenhauer'scher Kontemplation entlangschlendern. Dann wird jedes Geschäft zur Apotheke.

Ich habe meine Straße, die ich, wenn Not am Mann ist, spornstreichs aufsuche. Gestern war ich wieder einmal dort. Es musste sein. Die »Pagenschlüpfer Feinripp« bei »Strumpftante Anna« nützten noch nichts, auch die »moderne Vielzweckmaschine«, die Tomatensäge und der preiswerte Eis-Portionierer wollten nicht recht anschlagen. Ein wenig Linderung zog ins Herz, als ich »Schu-Schu, den schmerzbefreienden Schulterschutz für Damen«, den nervenstärkenden Herzgeist in Flaschen (»Die Frau, der man Bewunderung zollt, hat ein Geheimnis – Frauengold!«) und die Puppenklinik »Alles fürs Kind« absolviert hatte. Beim selbsttätigen Glockenkorkenzieher »Bacchus«, beim »Möbel-Kühlschrank, Eiche, 32 Liter, auch in andren Edelhölzern lieferbar«, beim Wäschereischilde »Vorteilwäsche im Sack« und beim Mohnmahlansatz »Kosmos« begann ich leichter zu atmen. Dann kamen die Kleiderbügel mit Mottenschutz, die »Laufmaschen in 2,4 Std. 15 Pfg.« und ein Schild »Bitte, lassen Sie sich hier im Geschäft aufklären!«. Ich widerstand zwar der höflichen Lockung, bemerkte aber, dass ich immerhin eine Melodie summte. Schließlich entdeckte ich in einem Kinderwagengeschäft den Clou. Ki-Klo!»Achtung, Mütter!«, las ich. »Ki-Klo! Für die Reise und daheim! Ki-Klo, das Kinderklosett in der Handtasche! Kein lästiges Abhalten mehr!« Nach einer kurzen wunschlosen Betrachtung der mit dem neuzeitlichen Mustergerät versehenen, weit aufgeklappten Damenhandtasche im Schaufenster ging ich lächelnd meiner Wege. Ich war wieder einmal kuriert. Beinahe hätte ich kehrtgemacht und das Geschäft aufgesucht, worin man sich aufklären lassen konnte. Dann ließ ich's bleiben. Weil ich fand, es sei gar nicht so nötig.

Der September

Das ist ein Abschied mit Standarten
aus Pflaumenblau und Apfelgrün.
Goldlack und Astern flaggt der Garten,
und tausend Königskerzen glühn.

Das ist ein Abschied mit Posaunen,
mit Erntedank und Bauernball.
Kuhglockenläutend ziehn die braunen
und bunten Herden in den Stall.

Das ist ein Abschied mit Gerüchen
aus einer fast vergessenen Welt.
Mus und Gelee kocht in den Küchen.
Kartoffelfeuer qualmt im Feld.

Das ist ein Abschied mit Getümmel,
mit Huhn am Spieß und Bier im Krug.
Luftschaukeln möchten in den Himmel.
Doch sind sie wohl nicht fromm genug.

Die Stare gehen auf die Reise.
Altweibersommer weht im Wind.
Das ist ein Abschied, laut und leise.
Die Karussells drehn sich im Kreise.
Und was vorüber schien, beginnt.

Die Existenz im Wiederholungsfalle

Man müsste wieder sechzehn Jahre sein
und alles, was seitdem geschah, vergessen.
Man müsste wieder seltne Blumen pressen
und (weil man wächst) sich an der Türe messen
und auf dem Schulweg in die Tore schrein.

Man müsste wieder nachts am Fenster stehn
und auf die Stimmen der Passanten hören,
wenn sie den leisen Schlaf der Straßen stören.
Man müsste sich, wenn einer lügt, empören
und ihm fünf Tage aus dem Wege gehn.

Man müsste wieder durch den Stadtpark laufen.
Mit einem Mädchen, das nach Hause muss
und küssen will und Angst hat vor dem Kuss.
Man müsste ihr und sich, vor Ladenschluss,
für zwei Mark fünfzig ein Paar Ringe kaufen.

Man würde seiner Mutter wieder schmeicheln,
weil man zum Jahrmarkt ein paar Groschen braucht.
Man sähe dann den Mann, der lange taucht.
Und einen Affen, der Zigarren raucht.
Und ließe sich von Riesendamen streicheln.

Man ließe sich von einer Frau verführen
und dächte stets: Das ist Herrn Nussbaums Braut.
Man spürte ihre Hände auf der Haut.
Das Herz im Leibe schlüge hart und laut,
als schlügen nachts im Elternhaus die Türen.

Man sähe alles, was man damals sah.
Und alles, was seit jener Zeit geschah,
das würde nun zum zweiten Mal geschehn …
Dieselben Bilder willst du wiedersehn?
Ja!

Anhang

Anmerkungen

Die bibliographischen Angaben nach den einzelnen Texten geben die Quelle an, der der Text entnommen wurde. Zusätzlich werden Ort und Zeit des Erstdrucks genannt. Für weiter gehende Angaben siehe Johan Zonneveld, *Bibliographie Erich Kästner*, Bd. I–III, Aisthesis Verlag, Bielefeld 2011, 2443 S.

Ohne Verfassernennung aufgeführte Werke sind von Erich Kästner. Auslassungen innerhalb der ausgewählten Textpassagen sind mit Klammern [...] gekennzeichnet.

Die Abkürzung *NLZ* steht für *Neue Leipziger Zeitung*. Kästners Werke für Erwachsene sind in Einzelausgaben lieferbar im Atrium Verlag, die Bücher für Kinder im Dressler Verlag. Die neunbändige Werkausgabe von 1998 ist lieferbar im dtv: Erich Kästner, *Werke*. Herausgegeben von Franz Josef Görtz. Bd. I–IX. Deutscher Taschenbuch Verlag, München 2004. Dient sie als Textvorlage, erscheinen in den bibliographischen Angaben die jeweiligen Band- und Seitenzahlen (I, S. 304 f.). Die folgenden Anmerkungen stützen sich teilweise auf diese Ausgabe.

9 Vorbemerkung

Schrebergarten: in einer Gartenkolonie gelegener, meist gepachteter Kleingarten eines Städters, auf dem er in seiner Freizeit Obst, Gemüse und Blumen zieht; oft bestanden mit einem einfachen Bau zum vorübergehenden Aufenthalt und zur Unterbringung der Gartenutensilien (sog. Laube); benannt nach dem Leipziger Arzt Daniel Gottlob Moritz Schreber (1808–1861), der sich besonders für die Schaffung von Jugendspielplätzen eingesetzt hatte.

Dass Kästner seinen Goethe … kennt: Am 12.12.1955 schrieb Kästner an Dr. Hofstaetter, der von Januar bis September 1919 sein Deutschlehrer am König-Georg-Gymnasium in Dresden gewesen war: »Sie gaben mir ein Aufsatzthema, das nur ich behandeln sollte. Es lautete, da Sie ja meine schriftstellerischen Ambitionen schon kannten: ›Der junge Goethe und wir‹.« Zit. nach: *Dieses Na ja!, wenn man das nicht hätte! Ausgewählte Briefe von 1909 bis 1972.* Hg. Sven Hanuschek, Atrium Verlag, Zürich 2003, S. 262.

13 Die Fabel von Schnabels Gabel

Nachlese, I, S. 237 f. Erstdruck: *Dr. Erich Kästners Lyrische Hausapotheke.* Atrium Verlag, Basel / Wien / Mährisch-Ostrau 1936, S. 210 f.

15 Othello und die Droschkenkutscher

Der Karneval des Kaufmanns. Gesammelte Texte aus der Leipziger Zeit 1923–1927. Hg. Klaus Schuhmann, Lehmstedt Verlag, Leipzig 2004, S. 8–10. Erstdruck: *NLZ,* 17.2.1923. Geschrieben in der Inflationszeit.

Kortner: Fritz Kortner (1892–1970), Schauspieler und Regisseur, in den 1920er Jahren ein großer Star des expressionistischen Theaters. Shakespeares Othello hatte er erstmals 1921 in Berlin im Preußischen Staatstheater unter der Regie von Leopold Jessner gespielt. Kortners Auftritt in Leipzig war vermutlich ein Gastspiel.

Sächsische Sonette

*18   Als einer seine Braut
      streichelte*

Nachlese, I, S. 264. Erstdruck: *Der Quer-
schnitt*, Jg. 10, H. 5, Mai 1930, S. 330.

*19   Als einer nach dem
      Stammescharakter fragte*

Johan Zonneveld, *Erich Kästner Rari-
tät II. Erich Kästner: Der Humorist und
Sachse*. Erich Kästner Jahrbuch, Bd. 6.
Königshausen & Neumann, Würz-
burg 2010, S. 266. Der Text ist das
zweite der vier Sächsischen Sonette,
die neben dem Artikel *Charakterlosig-
keit und ihre Heilung* abgedruckt waren (s. Zonneveld, a. a. O., S. 257 f.).
Erstdruck: *NLZ*, 16. 8. 1927. Kästners
Sächsische Sonette nehmen in seinem
Werk eine Sonderstellung ein, nicht
nur als einzige Gedichte im Dialekt,
sondern auch als die einzigen Sonette. Die klassische Form zwingt
die Dialektmonologe in ein strenges
Korsett.
*Die sächsische Mundart ...: Drei Männer
im Schnee*, IV, S. 59.

20   Mess-Ouvertüre

Gemischte Gefühle. Literarische Publi-
zistik aus der »Neuen Leipziger Zeitung« 1923–1933, Bd. I. Atrium Verlag,
Zürich 1989, S. 7–10. Erstdruck: *Leipziger Tagblatt*, 4. 3. 1923, und *NLZ*,
4. 3. 1923.
Khasana, Heliotrop, Lavendel: Parfüms
bzw. ihre Duftnoten.
Allasch: Leipziger Kümmellikörspe-
zialität.

25   Sie essen ein Schnitzel

Der Karneval des Kaufmanns, S. 52. Erstdruck: *NLZ*, 5. 7. 1923. Die Zeit der Inflation endete erst im November 1923.

27   Märchen-Hauptstadt

Gemischte Gefühle, I, S. 13–16. Erstdruck: *NLZ*, 27. 3. 1923.
Boris Godunow: »Musikalisches Volks-
drama« nach Alexander Puschkin
von Modest Mussorgskij, 1874 in
St. Petersburg uraufgeführt.
Pollender: Das Café Pollender befand
sich im Dresdner Großen Garten. Im
Februar 1945 zerstört.

Böcklin: Arnold Böcklin (1827–1901), Schweizer Maler, dessen Bilder sich durch kräftig leuchtende Farben auszeichnen.
auf dem »Hirsch«: der Dresdner Stadtteil Weißer Hirsch.

32   Zwischen Heller und Hinterhöfen

Als ich ein kleiner Junge war. Der ungefähre Tageslauf eines ungefähr Achtjährigen, VII, S. 74 f. (gekürzt). Erstdruck: *Als ich ein kleiner Junge war. Roman.* Atrium-Verlag, Zürich 1957.

35   Kleine Führung durch die Jugend

Herz auf Taille, I, S. 23 f. Erstdruck: *Die Weltbühne,* Jg. 25, Nr. 19, 7.5.1929. In *Herz auf Taille* aufgenommen wurde das Gedicht erst ab der 2. Auflage (Sommer 1929), als die als »zu obszön« empfundenen Zeichnungen Erich Ohsers entfielen.

37   Besuch in der Kinderkaserne

Der Gang vor die Hunde. Roman, Hg. Sven Hanuschek, Atrium Verlag, Zürich 2013, 22. Kapitel, S. 207–212 (gekürzt). Erstdruck (mit kleinen Textabweichungen): *Fabian. Die Geschichte eines Moralisten.* Deutsche Verlags-Anstalt, Stuttgart / Berlin 1931.
Sein assyrischer Bart: eckig gestutzter Vollbart.

43   Der neugebackene Fleischerlehrling schreibt

Der Karneval des Kaufmanns, S. 345 f. Erstdruck: *Beyers für Alle,* Jg. I, H. 31, 28.4.1927. Mit dem Fleischerhandwerk kannte Kästner sich aus. Alle sieben Brüder seiner Mutter hatten es gelernt. Allerdings blieb nur »Hugo, mein Lieblingsonkel, [...] bis ans Lebensende Fleischermeister. Seine Söhne sind Fleischermeister. Seine Töchter haben Fleischer geheiratet. Seine Enkel sind Fleischermeister.« Daher komme es, sagt Kästner, dass er »von grober Mettwurst und Kalbsnierenbraten etwas mehr verstehe als die durchschnittlichen Nichtfleischermeister« (*Als ich ein kleiner Junge war*, VII, S. 28 f.).

45 Weisheit der Bücher

Gemischte Gefühle, S. 94–97. Erstdruck: *NLZ*, 17.12.1926.

Dixi (lat.): »Ich habe gesprochen«.

49 Zur Fotografie eines Konfirmanden

Nachlese, I, S. 235 f. Erstdruck: *Uhu*, Jg. 9, H. 5, Februar 1933, u. d. T. *Jetzt tritt er ins Leben …*

50 Pressefest 1925

Der Karneval des Kaufmanns, S. 133 f. (gekürzt). Erstdruck: *Leipziger Tagblatt*, 18.1.1925.

52 Der Karneval des Kaufmanns

Der Karneval des Kaufmanns, S. 169–175. Erstdruck: *Leipziger Tagblatt*, 2.3.1924, und *NLZ*, 2.3.1924.

Omnia mea mecum transportans (lat.):

»Alle meine Habe mit mir führend«.

ein geradezu hybrides Unterfangen: »hybrid« ist hier abgeleitet von Hybris (griech.), dem Begriff, der in der Antike frevelhaften Übermut, Selbstüberhebung, Vermessenheit bezeichnete.

»Ach, wie war es doch vordem …«: Paraphrase der Anfangszeile des 1836 von August Kopisch verfassten Gedichts *Die Heinzelmännchen zu Köln* (»Wie war zu Köln es doch vordem / mit Heinzelmännchen so bequem!«).

62 Klassenzusammenkunft

Herz auf Taille, I, S. 53 f. Erstdruck: *Montag Morgen*, Jg. 7, Nr. 23, 10.6.1929. Erst ab der 2. Auflage in *Herz auf Taille* enthalten (s. o.).

67 Der kleine Herr Stapf

Kurze Geschichten und Kurzgeschichten, III, S. 348–351. Erstdruck: *NLZ*, 12.5.1925.

Zwergrattler: Zwergform des Rauhaarigen Pinschers oder Schnauzers, auch Rattler genannt, weil er Ratten fängt und vertilgt.

69 Kleine Stadt am Sonntagmorgen

Nachlese, I, S. 256f. Erstdruck: Dr. Erich Kästners Lyrische Hausapotheke, S. 138.

Provisor: Verwalter einer Apotheke, d.h. ein Kleinstadthonoratiore.

71 Abschied in der Vorstadt

Herz auf Taille, I, S. 29f. Erstdruck: Jugend, Jg. 33, Nr. 4, 21.1.1928.

72 Duell bei Dresden

Kurze Geschichten und Kurzgeschichten, III, S. 357–362. Erstdruck: Hermann Kesten (Hg.), 24 neue deutsche Erzähler. Gustav Kiepenheuer-Verlag, Berlin 1929, S. 136–142.

Sergeant Aurich: Im wahren Leben hieß dieser Rekrutenschinder Waurich, s. Kästners Gedicht Sergeant Waurich (»Der Mann hat mir das Herz versaut«) in: Lärm im Spiegel, I, S. 65f.

79 Kennst Du das Land, wo die Kanonen blühn?

Herz auf Taille, I, S. 26. Erstdruck: Das Tage-Buch, Jg. 8, H. 44, 29.10.1927, S. 1755. Kabarett-Chanson für Annemarie Hase.

Kennst Du das Land …: Mignons Lied aus Goethes Wilhelm Meisters Lehrjahre (1795/96) beginnt mit dem berühmten Vers: »Kennst du das Land, wo die Zitronen blühn?«

81 Hymnus an die Zeit

Herz auf Taille, I, S. 15f. Erstdruck: Das Tage-Buch, Jg. 5, H. 43, 25.10.1924.

Wem Gott ein Amt gibt …: Die Redensart »Wem Gott ein Amt gibt, gibt er auch Verstand« wird von Kästner in ihr Gegenteil verkehrt.

Der Gott, den Arndt das Eisen wachsen ließ: Anspielung auf das Vaterlandslied (1836) von Ernst Moritz Arndt, das zum Widerstand gegen die Herrschaft Napoleons aufrief (»Der Gott, der Eisen wachsen ließ/Der wollte keine Knechte …«).

Tagsüber pünktlich; abends manchmal

Gäste: Variation zu »Tages Arbeit! Abends Gäste! / Saure Wochen! Frohe Feste!« aus Goethes Ballade *Der Schatzgräber* (1797).

Es braust ein Ruf: »Es braust ein Ruf wie Donnerhall«, die Anfangszeile von Max Schneckenburgers Lied *Die Wacht am Rhein* (1840), wird von Kästner hier heftig ironisiert (»Der Schlaf vor Mitternacht ist doch der beste!«).

Behüt dich Gott, es hat nicht sollen sein: Zitat aus dem epischen Gedicht *Der Trompeter von Säckingen* (1854) von Joseph Victor von Scheffel, Ende des 19. Jahrhunderts eines der meistgelesenen Bücher Deutschlands, 1921 bereits in 322. Auflage. Ebenfalls sehr populär war die 1884 uraufgeführte Opernfassung von Victor Ernst Nessler. Die Vertonung von »Behüt dich Gott! Es wär zu schön gewesen. Behüt dich Gott! Es hat nicht sollen sein« (Finale 2. Akt) hat Ohrwurmqualität.

83   Goethe als Tenor

Rund um die Plakatsäulen, VI, S. 149 f. Erstdruck: NLZ, 11.10.1928. Franz Lehárs Operette *Friederike* wurde am 4. Oktober 1928 im Berliner Metropol-Theater uraufgeführt. Trotz des Zorns der Kritiker über die Entweihung des großen Dichters wurde das Werk binnen weniger Monate zu einem der meistgespielten deutschen Bühnenstücke.

Richard Tauber: geb. 1891 in Linz, machte sich einen Namen zunächst vor allem als Mozartsänger (Tamino, Don Ottavio, Ferrando), bevor er weltberühmt wurde als Interpret der für ihn geschriebenen anspruchsvollen Tenorpartien in Lehárs späten Operetten (*Paganini*, 1925; *Der Zarewitsch,* 1927; *Friederike,* 1928; *Das Land des Lächelns,* 1931); 1933 Emigration nach Wien, 1938 – nach dem »Anschluss« Österreichs – nach Großbritannien. 1948 starb Tauber in London.

86   Kleinstädtisches Berlin

Rund um die Plakatsäulen, VI, S. 71–74. Erstdruck: *NLZ,* 29.7.1927.

Körung: amtliche Prüfung und Einstufung landwirtschaftlicher Zuchttiere; dabei wird die Deckerlaubnis erteilt oder verweigert.

90   Festlied für Skat-Turniere

Ein Mann gibt Auskunft, I, S. 144 f. Erstdruck: A-I-Z, *Das illustrierte Volksblatt, Arbeiter Illustrierte Zeitung,* Hg. Berlin: Neuer Deutscher Verlag, Willi Münzenberg, 22.3.1930, u.d.T. *Festlied für ein Skat-Turnier.*

Null ouvert: Spielvariante beim Skat, bei der der Spieler keinen Stich machen darf.

Unter, Ober, König, Daus: »Bube, Dame, König, Ass« im oberdeutschen Kartenblatt.

92   Ausverkauf und Verkehrsregelung

Gemischte Gefühle, 2, S. 52–55 (gekürzt), u.d.T. *Jessner, Ausverkäufe und Verkehrsregelung.* Erstdruck: *NLZ,* 6.1.1928.

Harun al Raschid: Harun ar Raschid, abbasidischer Kalif von Bagdad im 8. Jahrhundert n.Chr., aus *Tausendundeiner Nacht* bekannt für seinen Gerechtigkeitssinn und dafür, dass er sich gern verkleidet unter das einfache Volk mischte, um auch andere Meinungen zu hören als die seines Hofstaats.

95   Misanthropologie

Ein Mann gibt Auskunft, I, S. 147 f. Erstdruck: *Simplicissimus,* Jg. 34, Nr. 21, 19.8.1929.

Misanthropologie: zusammengesetzt aus »Misanthrop« (Menschenfeind) und »Anthropologie« (Wissenschaft vom Menschen und von seiner Entwicklung in natur- und geisteswissenschaftlicher Hinsicht).

Und man kommt, geschult durch das Erlebnis, wieder mal zu folgendem Ergebnis: Umkehrung des Reims aus Christian Morgensterns Palmström-Gedicht *Die unmögliche Tatsache:* »Und er kommt zu dem Ergebnis:/Nur ein Traum war das Erlebnis«.

97 Die Wirklichkeit als Stoff

Kurz und bündig, I, S. 290. Erstdruck: *Neue Schweizer Rundschau*, Jg. 17, Neue Folge, H. 1, Mai 1949.

97 Bescheidene Frage

Kurz und bündig, I, S. 277. Erstdruck: *Kurz und bündig*, erweiterte Ausgabe. Atrium Verlag, Zürich 1950, S. 44.

98 Goethe und die Hausbesitzer

Gemischte Gefühle, I, S. 194 f. Erstdruck: NLZ, 17. 3. 1932.

100 Der alte gute Bekannte

Gemischte Gefühle, I, 305 f. Erstdruck: *Vossische Zeitung*, 15. 5. 1932. 1947 erschien dieser Text in einer überarbeiteten und erweiterten Fassung u. d. T. *Kurzgeschichte in fünf Akten.*

102 Umzug der Klubsessel

Lärm im Spiegel, I, S. 76. Erstdruck: *Jugend*, Jg. 33, Nr. 41, 6. 10. 1928.

Tafelwagen: von Pferden gezogener offener Wagen mit tafelförmiger Ladefläche ohne feste Seitenwände.

103 Wohltätigkeit

Ein Mann gibt Auskunft, I, S. 120 f. Erstdruck: *Die Weltbühne*, Jg. 25, Nr. 50, 10. 12. 1929.

105 Der Unterrock ist im Anzug

Rund um die Plakatsäulen, VI, S. 267 f. Erstdruck: NLZ, 29. 1. 2931.

»Das wäre also der neue Stil …«: Strophe aus dem Gedicht *Der Busen marschiert* (in: *Die Weltbühne*, 15. 10. 1929), das Kästner später in seinen Gedichtband *Ein Mann gibt Auskunft* (1930) aufnahm.

Lernet-Holenia: Alexander Lernet-Holenia (1897–1976), österreichischer Schriftsteller, der in seinem Werk immer wieder das habsburgische Gesellschafts- und Offiziersleben thematisiert.

107 In Harburg da ist es gewesen ...

Nachlese zur Nachlese, I, S. 319 f. Erstdruck: *Montag Morgen*, 20.8.1928. Der Großbrand in Harburg – heute nach Hamburg eingemeindet, damals noch zu Preußen gehörend – war am 13. August 1928 ausgebrochen. Die Feuerwehr der Hansestadt durfte das »preußische« Feuer nicht löschen.

»Deutsch sein, heißt ...«: Zitat aus Richard Wagners Aufsatz *Deutsche Kunst und deutsche Politik* (1867): »Hier kam es zum Bewusstsein und erhielt seinen bestimmten Ausdruck, was deutsch sei, nämlich: die Sache, die man treibt, um ihrer selbst und der Freude an ihr willen treiben.«

109 Gefilmtes Elend

Rund um die Plakatsäulen, I, S. 185 f. (gekürzt). Erstdruck: NLZ, 25.3. 1929.

Leo Lania: Pseud. für Lazar Herman (1896–1961); linker Journalist und Autor, schrieb vor 1920 für die Wiener *Arbeiter-Zeitung* und *Rote Fahne*, 1922–1926 in Berlin für die *Weltbühne*. Investigative Auseinandersetzung mit dem aufkommenden Nationalsozialismus (*Die Totengräber Deutschlands*, 1924, und *Der Hitler-Ludendorff-Prozess*, 1925). Ab Mitte der 1920er Jahre vor allem Arbeit für Theater und Film, Mitglied des Dramaturgenkollektivs von Erwin Piscators Theater am Nollendorfplatz, Drehbuch für die Verfilmung der *Dreigroschenoper* von Brecht / Weill. Wegen der drohenden Machtübernahme Hitlers 1932 Emigration. Mitte der 1950er Jahre Rückkehr nach München.

Volksverband für Filmkunst: gegründet 1928 unter dem Vorsitz von Heinrich Mann, mit dem Ziel, die »Verbreitung niveauvoller und politischer Filme« zu fördern.

Waldenburger Kohlengebiet: Gebiet um Waldenburg, heute poln. Wałbrzych, bis Anfang der 1990er Jahre Zentrum des niederschlesischen Steinkohlereviers.

Hunger in Waldenburg: halb dokumentarischer Film, auch u. d. T. *Ums täg-*

liche Brot, 1928/1929 produziert von der Weltfilm GmbH, die von der Internationalen Arbeiterhilfe unterstützt wurde. Buch und Gesamtleitung: Leo Lania, Regie und Kamera: Piel Jutzi.

Piel Jutzi: (1894–1946), Filmemacher seit 1913, Mitarbeit an den deutschen Bearbeitungen sowjetischer Filme der 1920er Jahre. Drehte 1929 den proletarischen Agitationsklassiker *Mutter Krausens Fahrt ins Glück* und 1931 *Berlin Alexanderplatz* nach dem Roman Alfred Döblins. 1933 Eintritt in die NSDAP.

111 Vorstadtstraßen

Ein Mann gibt Auskunft, I, S. 142. Erstdruck: *Berliner Börsen Courier,* Jg. 76, Nr. 185, 20.4.1930.

Pianola: selbsttätig spielendes Klavier.

113 Herbst, vom Zug aus

Nachlese zur Nachlese, I, S. 339 f. Erstdruck: *Montag Morgen,* 14.10.1929. Am 10.10.1929 fuhr Kästner von Breslau nach Berlin zurück. Am Vortag hatte er in Breslau in der Radio-Kinderstunde aus *Emil und die Detektive* gelesen, Vorbesprechungen für sein von Edmund Nick vertontes Hörspiel *Leben in dieser Zeit* geführt und am Abend ein Funkkabarett moderiert.

»… neuer Bestechungsverdacht …«: In Berlin war gerade ein Korruptionsskandal aufgedeckt worden, in den Mitglieder der Berliner Stadtverwaltung verwickelt waren.

»In München hat einer Gold gemacht …«: Der Münchner »Goldmacher« Franz Tausend fand zahlreiche Abnehmer für seine »Goldgutscheine«. 1931 wurde ihm wegen Betrugs der Prozess gemacht.

115 Elegie nach allen Seiten

Gesang zwischen den Stühlen, I, S. 198 f. Erstdruck: *Die Weltbühne,* Jg. 26, Nr. 44, 28.10.1930.

Man merkt die Absicht, und man friert: In Goethes *Torquato Tasso* (1790) heißt es: »So fühlt man Absicht, und man ist verstimmt.«

117 Brief aus Paris, anno 1935
Rund um die Plakatsäulen, VI, S. 287–289. Erstdruck: *Die Weltbühne*, Jg. 28, Nr. 21, 24.5.1932. Die Anmerkungen aus Werke VI, S. 788 f., wurden teilweise übernommen, teilweise aber auch ergänzt oder korrigiert. Am Textanfang jongliert Kästner virtuos mit den Namen kriegswichtiger Fabriken.
Armstrong-Vickers: eigent. Vickers-Armstrong Ltd., 1927 durch Fusion entstandener englischer Rüstungskonzern, der Kriegsgerät aller Art produzierte: Maschinengewehre, Artilleriegeschütze, Kriegsschiffe, Panzer und Kampfflugzeuge, wie z. B. die Spitfire. Der Name Wright verweist auf den berühmten Flugpionier.
Allenstein: in Ostpreußen, heute poln. Olstyn, im 1. Weltkrieg zeitweise umkämpft.
Schulze-Naumburg: Paul Schulze-Naumburg (1869–1949), NSDAP-Mitglied, seit 1930 Leiter der Staatlichen Hochschule für Baukunst und Handwerk in Weimar.

Kämpfte gegen »volksfremde« und »kulturbolschewistische« Tendenzen in der Architektur und für einen neuen Heimatstil. Nach 1933 einflussreicher NS-Kulturpolitiker.
Skoda: Skodawerke, Pilsen, vor dem 1. Weltkrieg wichtigste österreichische Rüstungsfirma für Artilleriebewaffnung, Maschinengewehre, Panzerplatten. Nach dem 1. Weltkrieg von den Tschechoslowaken weitergeführt und 1921 mit der Vereinigten Maschinenfabrik AG in Prag verbunden.
Schneider-Greusot: eigentl. Schneider-Creusot. Alte französische Eisen- und Stahlschmiede, die sich zu einem großen Waffenhersteller entwickelte (insbesondere Kanonen).
Oberst Bannermann-Leverkusen hökert mit Malcolm. (I. G. Farben, englische Gruppe.) Giftkomment ausknobeln: Leverkusen war damals Hauptsitz der Farbenfabriken vorm. Friedrich Bayer & Co., die chemische und pharmazeutische Produkte herstellte und 1925 in der I. G. Farben aufging.

Nach dem Einsatz von Gaskampfstoffen im 1. Weltkrieg (»Gaskrieg«) wurde die Entwicklung von Mitteln zur chemischen Kriegsführung trotz mehrfacher Ächtung von allen Staaten weiter vorangetrieben und Giftgas wiederholt in den Kolonialkriegen (Nordmarokko 1924, Libyen 1924–1930) eingesetzt. Die I. G. Farben war während des 1. Weltkriegs an der Produktion von Chlorgas und Phosgen (s. u.) beteiligt, 1936 bzw. 1939 entwickelte sie die Nervengase Tabun und Sarin, die jedoch im 2. Weltkrieg nicht eingesetzt wurden. *Döblin, Gebrüder Mann, Marieluise Fleißer, Mehring, Mühsam, Toller:* Kästners Einschätzung vom Mai 1932 erwies sich als weitgehend zutreffend: Ernst Toller emigrierte bereits im Jahr 1932, Alfred Döblin, Heinrich und Thomas Mann und Walter Mehring folgten 1933, Marieluise Fleißer wurde mit partiellem Schreibverbot belegt, und Erich Mühsam starb 1934 an den in Gestapohaft erlittenen Misshandlungen.

Goethe und Weltbürgertum: Anspielung auf Thomas Manns Rede *Goethe als Repräsentant des bürgerlichen Zeitalters,* gehalten am 18. März 1932 in der Preußischen Akademie der Künste (»Nur kann, wie es bei Wagner und seinen geistigen Zöglingen geschah, das Deutsche und Konservative sich zum Nationalismus politisieren, gegen welchen Goethe, der deutsche Weltbürger, selbst als das Nationale so viel historische Berechtigung besaß wie 1813, sich freilich kalt bis zur Verachtung verhielt.« Zit. nach: Thomas Mann, *Adel des Geistes.* Stockholm 1945, S. 125).

Phosgen: hochgiftige Flüssigkeit, entsteht durch die Vereinigung von Chlor und Kohlenoxyd unter dem Einfluss des Sonnenlichts; diente im 1. Weltkrieg als Gaskampfstoff (s. o.).

Alraune wird Soldat: parodistischer Verweis auf Hanns Heinz Ewers' Erfolgsroman *Alraune* (1911), in dem der frühere Brettl-Autor die bürgerlichen Moralvorstellungen hart attackiert hatte. 1931 war Ewers (1871–1943) der

NSDAP beigetreten und hatte den Roman *Reiter in deutscher Nacht* veröffentlicht, die verbrämte Lebensgeschichte des NSDAP-Funktionärs Paul Schulz.

120   *Dummheit zu Pferde*

Kabarettpoesie. Nachlese 1929–1953, II, S. 342 f. Erstdruck: *Die Weltbühne*, Jg. 27, Nr. 30, 28.7.1931.

»Deutschland über alles«: Mit »Deutschland, Deutschland über alles …« beginnt das von August Hoffmann von Fallersleben am 26.8.1841 verfasste *Lied der Deutschen* oder *Deutschlandlied*. Es wurde am 5.10.1841 erstmals öffentlich gesungen, und zwar auf die Melodie von »Gott erhalte Franz, den Kaiser«, dem 1797 von Joseph Haydn komponierten *Kaiserlied*. Seit 1922 war es die deutsche Nationalhymne. In der Nazizeit (1933–1945) wurde nur noch die 1. Strophe gesungen, auf die das Horst-Wessel-Lied folgte. Nach 1945 blieb das ganze Lied Nationalhymne, allerdings wurde seit 1952 bei offiziellen Anlässen nur noch die 3.

Strophe gesungen; 1992 wurde diese zur Nationalhymne erklärt.

»Heute Spaß …«: auf den Gaskrieg im 1. Weltkrieg gemünzte makabre Abwandlung des Karnevalsschlagers »Heute blau und morgen blau und übermorgen wieder«.

122   *Genesis der Niedertracht*

Ein Mann gibt Auskunft, I, S. 166. Erstdruck: *Vossische Zeitung*, 14.7.1929.

123   *Die Nacht der Scherben*

Rudolf Walter Leonhardt (Hg.), *Kästner für Erwachsene*. S. Fischer Verlag, Frankfurt am Main 1967, S. 448–450. Von Kästner für diesen Band gekürzte und umbenannte Fassung von *Unser Weihnachtsgeschenk* (VI, S. 512–515). Erstdruck (unter diesem Titel): *Die Neue Zeitung*, 24.12.1945. Kästner schildert, wie er die sog. Reichskristallnacht (vom 9. auf den 10. November 1938) erlebte.

»Umwertung aller Werte«: Untertitel einer frühen Kompilation von Friedrich Nietzsches nachgelassenen Tex-

ten (*Der Wille zur Macht. Versuch einer Umwertung aller Werte*. Studien und Fragmente, 1901, Hg. Ernst Horneffer u. a.).

einem [...] »artfremden« Kind: Als »artfremd« wurden alle Menschen bezeichnet, die nach den 1935 erlassenen Nürnberger Rassengesetzen der Nationalsozialisten als »nicht deutschen oder artverwandten Blutes« galten, insbesondere Juden.

Staatsrat Hinkel: Hans Hinkel (1901–1960), 1933 Staatskommissar im preußischen Ministerium für Wissenschaft, Kunst und Volksbildung, 1936 Geschäftsführer der Reichskulturkammer, 1942 Chef des gesamten Unterhaltungsprogramms im Rundfunk, 1944 Filmabteilungsleiter im Ministerium für Volksaufklärung und Propaganda und zugleich Reichsfilmintendant, 1947 an Polen ausgeliefert, kehrte 1952 nach Deutschland zurück.

127   Inschrift auf einem sächsisch-preußischen Grenzstein

Gesang zwischen den Stühlen, I, S. 191. Erstdruck: *Gesang zwischen den Stühlen*. Deutsche Verlags-Anstalt, Stuttgart / Berlin 1932, S. 37.

128   Notwendige Antwort auf überflüssige Fragen

Kurz und bündig, I, S. 281. Erstdruck: *Der Simpl*. Kunst, Karikatur, Kritik. München, Jg. 1, H. 2, 15.4.1946. Entstanden vor März 1943 (Nachlassmanuskript *Sprüche und Widersprüche*).

129   Die letzte Musterung

Notabene 45. Berlin, 7. Februar bis 9. März, VI, S. 337–339. Erstdruck: *Notabene 45, ein Tagebuch*. Atrium Verlag, Zürich 1961; Cecilie Dressler Verlag, Berlin 1961; Ullstein Verlag, Wien 1961. *Die letzte Musterung* ist ein Auszug aus dem Tagebucheintrag vom 7. März 1945. Kästners heute im Nachlass (Deutsches Literaturarchiv, Marbach) aufbewahrter Volkssturm-Ausweis trägt das Datum 5. November 1944, das vermutlich identisch ist mit dem Datum der in *Notabene 45* beschriebenen Musterung in der Turnhalle der Fürstin Bismarck-Schule in der Sybelstraße in Berlin-Charlottenburg.

131 Wiedersehen mit Dresden

Der tägliche Kram. ... und dann fuhr ich nach Dresden, II, S. 90–94 (gekürzt). Erstdruck: *Die Neue Zeitung*, 30.9.1946. Am 14. und 15. Februar 1945 wurde Dresdens historische Altstadt in drei aufeinanderfolgenden Luftangriffen der Briten und Amerikaner völlig zerstört. Die Zahl der Todesopfer wird auf mehr als 30 000 geschätzt.
Sergeant Waurich: s. Anm. zu *Duell bei Dresden*.
Nur die Kasernen, Gott sei Dank, die blieben heil!: bitterböseste Ironie. »Gott sei's geklagt« wäre wohl der Klartext.

134 Das Lied vom Warten

Der tägliche Kram, II, S. 119–121. Erstdruck: *Die Schaubude*, 5. Programm (*Vorwiegend heiter – leichte Niederschläge*), 1.3.1947. Kabarett-Chanson für Ursula Herking. In der Anmerkung, die Kästner in *Der tägliche Kram* diesem Gedicht vorausschickt, heißt es u. a.: »Noch immer befanden sich Millionen deutscher Soldaten in Kriegsgefangenschaft. Die Gemütsverfassung ihrer Mütter und Frauen, die oft nicht einmal wussten, wo die Männer waren und ob sie noch lebten, lastete wie ein Albdruck auf allem und allen.« (VI, S. 119)

137 Reisebilder aus Deutschland

Neues von Gestern. Reisender aus Deutschland, VI, S. 576–581 (gekürzt). Erstdruck: *Die Neue Zeitung*, 12.5.1947, u. d. T. *Reisebilder aus Deutschland*.
Brueghel: Pieter Brueghel d. Ä. (geb. zwischen 1525 und 1530, gest. 1569) war berühmt für seine Bilder, vor allem aus dem bäuerlichen Leben, auf denen es von Menschen nur so wimmelt.
War's nicht früher einmal verboten gewe-

sen, sich während der Fahrt aus dem Fenster zu beugen?: Die Schilder: »Nicht aus dem Fenster lehnen! Do not lean out of the window! Ne pas se pencher dehors! È pericoloso sporgersi!« sind erst aus den Zügen verschwunden, seit sich die Fenster nicht mehr so ohne Weiteres hinunterschieben lassen.

Harun al Raschid: s. Anm. zu *Ausverkauf und Verkehrsregelung*.

Kultusminister: Alois Hundhammer (1900–1974), von 1946 bis 1950 bayerischer Kultusminister, berüchtigt für seine Neigung zur Zensur, berühmt als Träger eines gewaltigen dunklen Vollbarts.

Liktorenbündel: von den Liktoren – den Amtsdienern im antiken Rom, die den höchsten Magistraten voranschritten – getragene Rutenbündel, aus denen ein Beil ragte (Symbol der Herrscher- und Strafgewalt).

beim Schwarzen Mann: auf dem Schwarzmarkt.

Krähwinkelei: In August von Kotzebues Lustspiel *Die deutschen Kleinstädter* (1803) bezeichnet »Krähwinkel« ein typisches deutsches Klatschnest.

141 Frühling auf Vorschuss

Nachlese, I, S. 250 f. Erstdruck: *Frankfurter Illustrierte Zeitung / Das Illustrierte Blatt*, 31. 3. 1932.

142 Das Goethe-Derby

Die Kleine Freiheit, II, S. 312 f. Erstdruck: *Pinguin*, Jg. 4, H. 2, Februar 1949. Anlass war der 200. Geburtstag Goethes, dessen im »Goethe-Jahr« 1949 allüberall gedacht wurde. In Kästners Vorbemerkung zur Buchveröffentlichung (1952) heißt es, die in dieser Glosse »ausgesprochenen Befürchtungen waren, wie sich im Verlauf des Jahres herausstellen sollte, durchaus angebracht gewesen«.

145 Traurigkeit, die jeder kennt

Gesang zwischen den Stühlen, I, S. 204 f. Erstdruck: *Montag Morgen*, 12. 8. 1929, u. d. T. *Traurigkeit*.

147   Hausmittel und Außerhausmittel

Neues von Gestern. Gesammelte Schriften für Erwachsene, Bd. 8, Droemer Knaur, München / Zürich 1969, S. 180–182. Erstdruck: *Die Weltwoche*, Zürich, 18.7.1952.

»Man kann sich selber manchmal gar nicht leiden …«: Die Anfangszeilen von *Elegie, ohne große Worte* (in: *Lärm im Spiegel*).

meine Straße: Es handelt sich um die Hohenzollernstraße zwischen Kurfürstenplatz und Leopoldstraße in München-Schwabing. 1952 wohnte Kästner noch in der nahe gelegenen Fuchsstraße.

151   Der September

Die dreizehn Monate, I, S. 310. Erstdruck: *Schweizer Illustrierte Zeitung,* 31.8.1953. Das bayerische Lokalkolorit ist unschwer zu erkennen: Almabtrieb und das Münchner Oktoberfest, das ungeachtet seines Namens überwiegend im September stattfindet.

153   Die Existenz im Wiederholungsfalle

Lärm im Spiegel, I, S. 109 f. Erstdruck: Jugend, Jg. 34, Nr. 13, 23.3.1929.

Herrn Nussbaums Braut: Als Kästner dieses Gedicht 1936 in die *Lyrische Hausapotheke* aufnahm, änderte er den jüdisch klingenden Namen Nussbaum in Lehmann – die einzige mir bekannte Textanpassung Kästners während der Nazizeit.

Erich Kästner, 1899 in Dresden geboren, begründete gleich mit seinen ersten beiden Büchern seinen Weltruhm: *Herz auf Taille* (1928) und *Emil und die Detektive* (1929). Nach der Machtübernahme der Nationalsozialisten wurden seine Bücher verbrannt, er erhielt Publikationsverbot, sein Werk erschien nunmehr in der Schweiz beim Atrium Verlag. Erich Kästner erhielt zahlreiche literarische Auszeichnungen, u. a. den Georg-Büchner-Preis. Er starb 1974 in München.

Sylvia List hat Slawistik und Osteuropäische Geschichte studiert, als Lektorin gearbeitet und ist heute freie Übersetzerin und Herausgeberin, u. a. von *Das große Erich Kästner Buch, Kästner im Schnee, Meine Mutter zu Wasser und zu Lande, Morgen, Kinder, wird's nichts geben!*, sowie *Zwischen hier und dort, Die Entlarvung des Osterhasen* und *Meine Katzen*. Sie lebt in München.

Kästner verschenken, denn:

Meine Katzen
Von Pola, Lollo, Butschi und Anna
Herausgegeben von Sylvia List
Mit 30 Fotos und Abbildungen
64 Seiten. Gebunden
12,95 € [D] / 13,40 € [A]
ISBN 978-3-85535-433-7

»Es gibt nichts Gutes, außer: man tut es!«

Die Entlarvung des Osterhasen
Geschichten und Gedichte
Herausgegeben von Sylvia List
80 Seiten. Gebunden
12,– € [D] / 12,40 € [A]
ISBN 978-3-85535-392-7

ATRIUM
Der Erich Kästner Verlag